Schriften des deutschen Vereins für Armenpflege und Wohlthätigkeit.

Neunundzwanzigstes Heft.

Brinkmann, Die Armenpflege in ihren Beziehungen zu den Leistungen der Socialgesetzgebung.

Leipzig,
Verlag von Duncker & Humblot.
1897.

Die Armenpflege

in ihren Beziehungen

zu den

Leistungen der Socialgesetzgebung.

Bericht

erstattet im Auftrage des Vereins

von

Bürgermeister **Brinkmann**

in Königsberg i. Pr.

Leipzig,

Verlag von Duncker & Humblot.

1897.

Alle Rechte vorbehalten.

Die Armenpflege in ihren Beziehungen zu den Leistungen der Socialgesetzgebung.

Bericht von Bürgermeister Brinkmann-Königsberg i. Pr.

Nachdem bereits vor zwei Jahren von Herrn Dr. Freund der Nachweis zu führen versucht worden, in welcher Weise die neuere sociale Gesetzgebung auf die Aufgaben der Armengesetzgebung und Armenpflege einwirkt, und nachdem in dem Dr. Freundschen Aufsatz hauptsächlich erörtert worden, ob und welche Entlastung der öffentlichen Armenpflege entweder schon eingetreten ist oder voraussichtlich künftig eintreten wird, kann es kaum zur Aufgabe des mir gestellten Themas gehören, neue Ziffern beizubringen. Diesmal handelt es sich vielmehr um etwas ganz anderes. Es soll gewissermaßen anstatt des quantitativen das qualitative Interesse der Armenpflege an den Einrichtungen der Versicherungsgesetzgebung beleuchtet, es sollen die Wege, welche von den Trägern der Arbeiterversicherung zur Armenpflege und von dieser zu jenen hinüberführen, gezeigt und, wenn möglich, praktische Winke als Wegweiser gegeben, es soll endlich jener innige Zusammenhang zwischen Armenfürsorge und Versicherung betont werden, welcher schon durch die Kaiserliche Botschaft vom 17. November 1881 wenigstens indirekt in der dort verkündeten Absicht ausgesprochen ist: den Hilfsbedürftigen begründete Ansprüche auf ein höheres Maß staatlicher Fürsorge zu gewähren, als ihnen bisher — durch die Armenpflege — hat zu teil werden können.

Weil demnach nicht Resultate zu berichten sind, sondern die verschiedensten Möglichkeiten einer Stellungnahme zu den verschiedenen Versicherungszweigen zu erörtern sein werden, weil ferner diese Stellungnahme einmal von den unter sich verschiedenen Anschauungen der Leiter und Mitarbeiter der einzelnen Armenverwaltungen abhängen, zweitens aber in den vielgestaltigsten Maßnahmen zum Ausdruck gekommen sein, überall also sich ganz eigenartig entwickelt haben dürfte, weil endlich auf diese Entwicklung die gewiß nicht überall gleichmäßige Ausgestaltung der Versicherungsorgane,

insbesondere der Krankenkassen und der Invaliditäts- und Altersversicherungsanstalten erst recht verschieden eingewirkt haben wird: aus allen diesen Gründen
erschien mir die sonst übliche Befragung anderer Verwaltungen für die mir
aufgetragene Bearbeitung unzweckmäßig. Ich hätte nicht gewußt, wo ich zu
fragen anfangen, wo ich zu fragen aufhören sollte. Ja, es hätte schon
große Schwierigkeiten gemacht, überhaupt bestimmte Fragen zu formulieren.
Wenn ich deshalb mehr aus meinen eigenen Eindrücken und Erfahrungen
geschöpft, nur meinen eigenen Erwägungen gefolgt bin, so bin ich mir der
Unvollständigkeit meiner Arbeit sehr wohl bewußt. Indessen hoffe ich, daß
vielleicht gerade dieser Mangel den Anlaß zu einer eingehenderen Besprechung
des Themas in der Jahresversammlung selbst bieten und so das Fehlende
von anderer Seite ergänzt werden wird.

Nicht ganz mit Unrecht wenden die Gegner der Socialgesetzgebung ein,
daß den errungenen Vorteilen eine recht weitgehende Belastung der Versicherten selbst, mehr aber noch der Arbeitgeber gegenüberstehe. Es ist thatsächlich nicht zu verkennen, daß z. B. eine Reihe kleiner Handwerker, die
schon an sich den Kampf mit der Konkurrenz kaum bestehen können, die
Beitragsleistungen für ihr Personal schwer empfinden. Auch den Beschwerden
der Inhaber landwirtschaftlicher Betriebe über ihre Belastung durch die
Arbeiterversicherung kann nicht jeder Grund abgesprochen werden, zumal da,
wo nach alter Anschauung gerade die baren Geldaufwendungen als besonders
drückend gelten. Wollte man dieser Belastung, d. h. also der Summe aller
Beitragsleistungen allein die bisher konstatierte Entlastung der Armenpflege gegenüberstellen, so würde man wenig Glück damit haben. Im
günstigsten Falle beträgt der jährliche Minderaufwand einer größeren Gemeinde an Armenpflegekosten 10 000 bis 30 000 Mark, während die Beitragsleistungen aus dem Gemeindebezirk insgesamt Hunderttausende ausmachen. Auch dadurch wird man keine Wirkung erzielen, daß man auf den
Unterschied zwischen Armenunterstützung und dem Anspruch auf die Leistungen
aus der Versicherungsgesetzgebung aufmerksam macht. Dazu ist die Anzahl
derjenigen Personen, welche durch die Leistungen der Versicherungsorgane der
Armenfürsorge überhoben werden, vorläufig nicht groß genug. Deshalb wird
man auf der einen Seite stets hervorheben müssen, wie die bereits erzielte
und auch später noch zu erzielende Entlastung der Armenpflege immer nur
ein winziger Teil ist von denjenigen Segnungen der Versicherungsgesetzgebung,
welche das Gebiet der Armenpflege im eigentlichen Sinne überhaupt nicht
berühren. Auf der anderen Seite aber wird man, im Bewußtsein der
Schwere des oben erwähnten Einwandes, auf jede nur mögliche Art und
Weise die Beziehungen zu benutzen und auszunutzen verpflichtet sein, welche
sich zwischen Armenpflege und Versicherung herstellen lassen und mittelst
derer, wenn auch nicht zu einer ziffermäßigen Entlastung des Ortsarmenverbandes, so doch dazu beigetragen werden kann, daß den beteiligten Volks-
klassen die Vorteile der Versicherungsgesetzgebung ungeschmälert zu teil werden.
Will man dieser Verpflichtung im vollen Maße Rechnung tragen, so ergeben
sich nicht unwichtige Aufgaben für die Armenverwaltung.

I. Mitwirkung beim Ausbau der Versicherung.

1. Ein sehr naheliegendes Interesse hat die Armenpflege daran, daß alle diejenigen Personen, welche wirtschaftlich nicht stark genug sind, um nicht bei dauerndem oder zeitweisem Verlust ihrer Arbeitskraft in Not und Bedrängnis zu geraten, durch Versicherung dagegen geschützt werden. Man wird sich auch nicht darauf verlassen dürfen, daß Leute, welche, solange sie gesund und kräftig sind, in ziemlich günstigen Verhältnissen leben, aus freien Stücken für ihre Zukunft besorgt sein werden. Denn einmal trifft diese Annahme leider nicht zu, und zweitens machen gerade solche Leute, die vorher bessere Tage gesehen haben, der Armenpflege am meisten zu schaffen, indem sie die größten Ansprüche erheben. Es fragt sich deshalb, ob nicht gerade die Armenverwaltungen in erster Reihe dazu berufen sein möchten, auf Lücken, die sie gewahr werden, aufmerksam zu machen und dafür zu sorgen, daß die Versicherungspflicht auf solche Kreise ausgedehnt wird, welche anderenfalls bei Behinderung ihrer Erwerbsfähigkeit der Gefahr des wirtschaftlichen Ruins ausgesetzt bleiben. Eine solche Ausdehnung kann nun bei den verschiedenen Zweigen der Versicherung auf verschiedene Weise geschehen: durch die Reichs- oder Landesgesetzgebung, durch Beschlüsse des Bundesrats, durch statutarische Vorschriften von Gemeinden oder weiteren Kommunalverbänden, endlich auf dem Gebiet der Unfallversicherung durch statutarische Bestimmungen der Berufsgenossenschaften. Auf die ersteren beiden Faktoren wird zwar die einzelne Armenverwaltung ebensowenig wie auf die statutarische Befugnis der Unfallversicherungsorgane Einfluß auszuüben vermögen, wenngleich ich nicht einzusehen vermag, wodurch es gerechtfertigt ist, daß der kleine selbständige Handwerker mit einem Einkommen von unter 2000 Mark nur für beitritts**berechtigt** und dies auch nur zur **Gemeindekrankenversicherung** erklärt werden kann oder daß Betriebsunternehmer, welche ihren Unterhalt hauptsächlich durch ihrer eigenen Hände Arbeit verdienen, von der Unfall- sowie abgesehen von der Bestimmung in § 8 des Reichsgesetzes vom 22./6. 1889 von der Invaliditäts- und Altersversicherung gesetzlich ausgeschlossen sind [1], und weshalb nicht Reichstag und Bundesrat oder, wo ihnen die Bestimmung überlassen, die Regierungen der Einzelstaaten von der Armenpflege zu zweckmäßigen Änderungen in der angedeuteten Richtung angeregt werden könnten. Um so näher stehen aber den Armenverwaltungen die zum Erlaß von statutarischen Vorschriften, sei es für die Gemeinde, sei es für weitere Kommunalverbände, zuständigen Organe. Für sie ist, wenigstens auf dem Gebiet der Krankenversicherung, ein ziemlich weiter Spielraum gegeben, und ich würde es sehr begreiflich finden, wenn von den Organen der Armenpflege auf den Erlaß von statutarischen Vorschriften zur Ausdehnung der Krankenversicherungspflicht in der oder jener Richtung hingearbeitet werden möchte. Daß die in Kommunalbetrieben oder im Kommunaldienst beschäftigten Personen nicht auf Krankenkassenleistungen

---

[1] Auch die Novelle zur Unfallversicherungsgesetzgebung schlägt nur Selbstversicherung oder statutarische Unterwerfung der Betriebsunternehmer unter den Versicherungszwang vor.

Anspruch haben, wird wohl kaum jemals von Armenpflegeorganen bedauert sein, wenngleich die Angehörigkeit zu einer Zwangskrankenkasse diesen Personen selbst im gegebenen Fall ganz erwünscht sein mag. Denn in den meisten Fällen wird doch wohl von der Kommune Gehalt oder Lohn während der Krankheit fortgezahlt, nötigenfalls auch unentgeltliche Krankenhauspflege gewährt. Ebenso dürfte das Fehlen der Krankenversicherung bei Handlungsgehilfen, welche trotz Krankheit für sechs Wochen auf Fortbezug ihres Gehalts Anspruch haben, wohl kaum jemals die Armenpflege erheblich belastet haben. Wer dagegen ist nicht schon unangenehm enttäuscht gewesen, wenn er hilfsbedürftige Personen nur deshalb, weil sie nicht in dauernder Beschäftigung standen, oder Schneidergehilfen, weil sie als Hausindustrielle anzusehen waren, oder Arbeiter aus der Land- und Forstwirtschaft aus dem Grunde, weil für ihren Kreis oder ihre Gemeinde ein Ortsstatut aus § 2 Nr. 6 des Krankenversicherungsgesetzes nicht besteht, in die Armenpflege hat übernehmen müssen! Hat doch der Begriff der nur vorübergehenden Beschäftigung und ebenso der Unterschied zwischen Heimarbeitern und Hausgewerbetreibenden erst durch zahlreiche Entscheidungen präcisiert werden müssen, ohne daß zumal dem davon Betroffenen bis heute das völlige Verständnis dafür aufgegangen ist! Wäre es deshalb nicht mehr als richtig, wenn die Armenpflege von den in häufigen Fällen zu ihren Gunsten oder Ungunsten mitwirkenden Zufälligkeiten befreit werden würde? Um endlich noch einmal auf den gegen Unfall nicht versicherten kleinen Betriebsunternehmer zurückzukommen: wem will es in den Kopf, daß der Betriebsunternehmer, der zugleich mit seinem Gehilfen bei dem gleichen Unfall seine Arbeitskraft einbüßt, der noch dazu oft einer größeren Unfallgefahr ausgesetzt ist als seine Mitarbeiter, weil er als Meister die schwierigsten Arbeiten selbst auszuführen genötigt ist, der Armenpflege anheimfällt, während dem Gehilfen eine Rente beschert wird! Wenn hier Verbesserungen anzustreben, Unbilligkeiten zu beseitigen sind, so ist die Armenpflege sicherlich dabei interessiert.

Zu erwähnen ist hier auch die in § 10 des Unfall- und Krankenversicherungsgesetzes für die in land- und forstwirtschaftlichen Betrieben beschäftigten Arbeiter vom 5. Mai 1886 den Gemeinden auferlegte Verpflichtung, einem unfallverletzten Arbeiter, der gegen Krankheit nicht versichert ist, während der ersten dreizehn Wochen nach dem Unfall die Kosten des Heilverfahrens in dem sonst den Krankenkassen obliegenden Umfange zu gewähren. Die in der Regel vorhandene Identität der Gemeinde und des Ortsarmenverbandes sollte die Armenverwaltung ganz von selbst dahin führen, auf die Unterwerfung der erwähnten Arbeiter unter den Krankenversicherungszwang hinzuwirken.

Von gleichen Erwägungen und somit von der Absicht: fühlbar gewordene Lücken der Versicherung soweit als angänglich auszufüllen, ist übrigens die Reichsregierung fort und fort beseelt. Das bewiesen das sogenannte Ausdehnungsgesetz vom 28. Mai 1885 und die den Versicherungszwang ausdehnenden Vorschriften der Krankenkassennovelle vom 10. April 1892, das bewiesen die verschiedenen Special-Unfallversicherungsgesetze, welche dem allgemeinen Unfallversicherungsgesetze im Laufe weniger Jahre gefolgt sind, in denen bereits der Gedanke zur Anerkennung gelangt ist, daß auch kleinere Betriebsunternehmer an den Vorteilen der Unfallversicherung teils durch Zulassung des freiwilligen Beitritts teils durch Statut zu beteiligen sind. Das beweist jetzt wiederum die dem Reichstag zur Zeit unterbreitete Vorlage zur Abänderung und Ergänzung der gesamten Unfallversicherungsgesetzgebung sowie die Vorlage des neuen Invalidengesetzes. Aus der ersteren Vorlage haben, soviel mir bekannt, diejenigen Vorschriften, welche solche Gewerbebetriebe, die sich auf Bauarbeiten erstrecken, in ihrem ganzen Umfange der Unfallversicherung unterstellen, und ebenso diejenigen Vorschriften, welche die Versicherung auf häusliche und andere Dienste der versicherten Personen außer ihrer Beschäftigung im Betriebe erstrecken wollen, so daß künftig die oft schwierige und zu großen Härten führende Unterscheidung fortfallen soll, ob die unfallbringende Arbeit zum versicherungspflichtigen Betriebe gehörte oder nicht, ungeteilte Anerkennung gefunden. Und ebenso kann man es gewiß nur, zumal vom Standpunkt der Armenpflege, mit Freuden begrüßen, daß nach § 10 des neuen Invalidengesetzes künftig schon halbjährliche ununterbrochene Invalidität zum Bezuge von Invalidenrente berechtigen soll.

Das Interesse der Armenverwaltungen an dem Versichert- oder Nichtversichertsein gewisser Personen ist sogar in der Novelle zum Krankenversicherungsgesetz ausdrücklich anerkannt. Der Gesetzgeber befürchtet nämlich, daß Personen, welche infolge von Verletzungen, Gebrechen, chronischen Krankheiten oder Alter nur teilweise oder nur zeitweise erwerbsfähig sind, wenn sie der Krankenversicherungspflicht unterworfen bleiben, nur schwer oder gar nicht Arbeit finden werden. Einmal würden ihre Arbeitgeber neben dem geringen Lohn nur ungern ihren Anteil an den Versicherungsbeiträgen zahlen. Zweitens aber würden sie die Krankenkassen nicht mit der hohen Krankheitsgefahr solcher Personen belasten wollen. Deshalb erklärt er ihre Befreiung von der Krankenversicherungspflicht für zulässig, wenn sie selbst einen dahin gehenden Antrag stellen und wenn der unterstützungspflichtige Armenverband der Befreiung zustimmt. Die Armenverwaltungen werden in solchen Fällen ihre Entscheidung meistens sehr zu überlegen haben. Geben sie solchen Anträgen ohne weiteres statt, so ist zu befürchten, daß sich häufiger Arbeitgeber finden, welche auf diesem Wege sich und ihren Arbeitern die Beitragsleistung zur Krankenkasse ersparen wollen. Wird der befreite Arbeiter krank, so muß die Armenpflege anstatt der Krankenkasse für ihn eintreten. Außerdem entgehen der Krankenkasse die Beiträge, welche manche Kassen sehr nötig haben, um leistungsfähig zu bleiben. Umgekehrt muß der Armenpflege daran liegen, daß solche Personen durch Zuweisung leichterer oder zeitweiser Beschäftigung wenigstens noch teilweise erwerbsfähig erhalten werden. Sonst fallen sie ihr möglicherweise gleich zur Last, und die Gefahr der Unterstützungspflicht in Krankheitsfällen verwandelt sich in die sofortige Verpflichtung zur fortdauernden Unterstützung. Den Armenverwaltungen wird deshalb anzuraten sein, zum mindesten vorher genau festzustellen, ob die Personen, um welche es sich handelt, auch wirklich so wenig, wie dies behauptet wird, leistungsfähig sind. Ich habe denn auch in dem einen Falle, der bisher an mich herangetreten ist, die Erwerbsbehinderung des Antragstellers erst durch einen unserer Armenärzte feststellen lassen und erst, als dieselbe durch sachverständiges Gutachten festgestellt war, der Befreiung zugestimmt. Sehr ins Gewicht fallen wird für die Entscheidung auch, ob die betreffende Person bereits Armenunterstützung bezieht oder früher bezogen hat. Ist dies der Fall, so wird der Befreiung leichteren Herzens zuzustimmen sein, um dann die laufende Unterstützung einstellen oder herabsetzen zu können oder um alsbaldigen neuen Unterstützungsgesuchen vorzubeugen.

Die weiterhin in § 3 b des Krankenversicherungsgesetzes zugelassene Befreiung von der Versicherungspflicht wird ebenfalls in der Regel mit der Thätigkeit der Armenverwaltungen im Zusammenhange stehen. Daß Arbeitslose, die vorübergehend in Wohlthätigkeitsanstalten beschäftigt werden, von der Versicherungspflicht befreit werden können, wird sicherlich diese Art der Fürsorge erleichtern. Die von ihnen geleistete Arbeit wird meistens so wenig wertvoll sein, daß beide Teile nur ungern Beiträge zur Krankenkasse entrichten werden. Aber auch die Zulässigkeit der Befreiung der Lehrlinge erscheint aus socialen Gründen gerechtfertigt. Mit Recht erklären es die Motive zur Krankenkassennovelle für unbillig und geeignet Unzuträglichkeiten herbeizuführen, wenn der Handwerksmeister, der seinem Lehrling nicht keinen Lohn, sondern entweder nur Unterkunft und Verpflegung oder statt dessen ein geringes Kostgeld gewährt, die vollen Krankenversicherungsbeiträge zahlen müßte. Deshalb soll der Arbeitgeber berechtigt sein, die Befreiung des Lehrlings zu verlangen, wenn er demselben für die während der Dauer des Lehrverhältnisses eintretenden Erkrankungsfälle den Anspruch auf freie Kur und Verpflegung in einem Krankenhause auf die krankenkassengesetzliche Dauer gesichert hat. Die Armenpflege an sich wird nun freilich kaum davon berührt, wenn den Handwerksmeistern die Erfüllung der Krankenkassenpflichten in Bezug auf ihre Lehrlinge erleichtert wird. Meistens unterstehen jedoch die der Gemeinde gehörigen Krankenhäuser der Armenverwaltung. Diese wird es deshalb häufig in der Hand haben, den Arbeitgebern durch billige allgemeine Abmachungen, wie z. B. durch Lehrlingsabonnements, entgegenzukommen. Bei uns in Königsberg ist denn auch ebenso wie ein Abonnement für die Dienstboten ein solches für Lehrlinge eingerichtet, welches nicht bloß von Handwerksmeistern, sondern auch von Kaufleuten häufig benutzt wird. Die Abonnenten bezahlen für jeden ihrer Lehrlinge ebenso wie für jeden Dienstboten jährlich drei Mark an die Stadthauptkasse und erlangen dafür das Recht, die abonnierten Personen im Erkrankungsfalle gegen einfache Vorzeigung der Abonnementsquittung in die städtische Krankenanstalt einzuliefern. Das Formular für den Abonnementsantrag enthält zugleich einen Vordruck für die befreiende Erklärung des Vorstandes der betreffenden Krankenkasse. Der Abonnementsvertrag gilt ähnlich wie bei der Krankenversicherung bis zur Abmeldung Einen Gewinn hat die Stadtgemeinde bei beiden Abonnements bisher kaum gehabt. Im Gegenteil hat die Krankenhauspflege der abonnierten Personen, nach den Selbstkosten berechnet, bisher fast in jedem Jahre erhebliche Zuschüsse zu den Abonnementsbeiträgen erfordert. Anregungen, den Abonnementspreis zu erhöhen, ist jedoch bis jetzt nicht Folge gegeben, einesteils aus Konnivenz gegen die Arbeitgeber und Dienstherrschaften, andernteils: in der meines Erachtens sehr zutreffenden Erwägung, daß es zwar im Interesse der Erkrankten in erster Reihe liegt, ihre sofortige mühelose Unterbringung in ausreichende Krankenpflege soviel als möglich zu erleichtern, daß aber auch der Stadtgemeinde daran gelegen sein muß, schleunige Wiederherstellung der Gesundheit ihrer Angehörigen zu erzielen. Die gleiche Erwägung kehrt übrigens, wie noch später näher besprochen werden soll, im Verhältnis zu den Krankenkassen in verstärktem Maße wieder.

Eine Beteiligung der Armenverwaltungen an dem in § 1 Abs. 1 des Unfallversicherungsgesetzes vorgesehenen Ausschluß der mit Gefahren nicht verknüpften Betriebe von der Versicherungspflicht kann wohl kaum in Betracht kommen, schon weil jedes Interesse für sie hier fehlen wird. Mehr Interesse dürfte die Armenpflege schon daran haben, ob und inwieweit der Bundesrat einerseits von der ihm durch § 2 Abs. 2 des Invaliditäts- und Altersversicherungsgesetzes beigelegten Befugnis, die Hausgewerbetreibenden und deren Gehilfen, Gesellen und Lehrlinge der Versicherungspflicht zu unterwerfen, anderseits von der ihm nach § 3 Abs. 3 desselben Gesetzes zustehenden Berechtigung Gebrauch macht, vorübergehende Dienstleistungen von der Versicherungspflicht zu befreien. Der Bundesratsbeschluß vom 16. Dezember 1891, welcher die Versicherungspflicht auf die Hausgewerbetreibenden der Tabaksindustrie erstreckt, dürfte erst ein wünschenswerter Anfang des Ausbaues der Versicherung in dieser Richtung sein. Dagegen dürften die in den Bundesratsbeschlüssen vom 24. Dezember 1891 und vom 24. Januar 1893 ausgesprochenen Befreiungen vorübergehender Beschäftigungen von der Invaliditäts- und Altersversicherungspflicht um so mehr genügen, als die nur teilweise oder nur zeitweise erwerbsfähigen Personen sowie diejenigen, welche bereits Invalidenrente beziehen, nach der Bestimmung in § 4 Abs. 2 des Gesetzes der Versicherungspflicht überhaupt nicht unterworfen sind. Das weitgehendste Interesse hätte endlich die Armenpflege an der Fortsetzung der Versicherung gemäß § 117 des Gesetzes durch solche Personen, welche aus der versicherungspflichtigen Beschäftigung ausscheiden. Welche Mittel stehen ihr aber zu Gebote, um auf eine solche Fortsetzung der Versicherung hinzuwirken? Höchstens doch Bekanntmachungen von Zeit zu Zeit, in welchen dann namentlich darauf hinzuweisen wäre, daß nach § 32 des Gesetzes die Entrichtung von nur 47, nach dem Entwurf des neuen „Invalidengesetzes" von nur 40 Beitragsmarken in vier Jahren ausreicht, um die Anwartschaft auf die Rente aus dem früheren Versicherungsverhältnis aufrecht zu erhalten. Werden solche Bekanntmachungen aber Erfolg haben? Eher könnte man sich schon Erfolg von persönlicher Einwirkung auf die Beteiligten versprechen, und zu solcher Einwirkung könnte man sich vielleicht Gelegenheit dadurch verschaffen, daß die Versicherungsanstalt der Armenverwaltung von jedem bei ihr eingehenden Erstattungsantrage aus § 30 des Gesetzes vor dessen Erledigung sofort Nachricht giebt. Dieselben Frauen, welche jetzt glücklich darüber sind, bei Eingehung der Ehe die Hälfte der geleisteten Beiträge, in der Regel nur einen kleinen Betrag, ausbezahlt zu erhalten, würden möglicherweise künftig sehr viel dankbarer für die Rente sein. Die Armenpflege aber hätte vielleicht in manchen allerdings in der Zukunft liegenden Fällen nicht nötig mit Unterstützungen einzutreten.

2. Diejenigen Träger der Arbeiterversicherung werden den Beteiligten jedenfalls am meisten nützen und somit auch zur Entlastung der Armenpflege am besten beitragen, bei denen:

a. der Kreis der Versicherten, also derer, welche eintretendenfalls Ansprüche an sie zu erheben berechtigt sind, möglichst genau abgegrenzt ist, so daß die Entscheidung der Frage der Zugehörigkeit keine weiteren Schwierigkeiten macht,

b. welche ihren Mitgliedern unter möglichst leicht zu erfüllenden Voraussetzungen möglichst hohe Leistungen gewähren und welche

c. berechtigte Ansprüche ohne Aufschub und:

d. so, wie es den Wünschen und Interessen der Beteiligten am besten entspricht, zufriedenzustellen bemüht sind.

Sehen wir deshalb zu, wie es in diesen Punkten mit den Invaliditäts- und Altersversicherungsanstalten, den Unfallberufsgenossenschaften und den verschiedenen Krankenkassen steht und wo die Armenpflege etwa Anlaß hätte Wünsche zu äußern!

a. Die Frage, welcher Versicherungsanstalt gegenüber die Beitragspflicht zur Invaliditäts- und Altersversicherung zu erfüllen ist, wenn sie überhaupt gegeben, und bei welcher Anstalt der Rentenanspruch geltend zu machen ist, macht bei der territorialen Organisation und bei den klaren Bestimmungen des Gesetzes allerdings keine Schwierigkeit. Wohl aber ist die Frage der Versicherungspflicht an sich und im Zusammenhange damit die Frage der Rentenberechtigung trotz der nicht bloß eingehenden, sondern auch dem Gesetz durchaus angepaßten und dabei allgemein verständlichen Anleitung des Reichsversicherungsamts vom 31. Oktober 1890 nicht immer leicht zu entscheiden. Diese Anleitung hat eben nur Grundsätze allgemeiner Natur aufstellen, die mannigfaltigen Verhältnisse des gewerblichen und wirtschaftlichen Lebens aber unmöglich sämtlich berücksichtigen können. Da will es mir denn als ein Fehler der Organisation erscheinen, daß über die Versicherungspflicht und über die Rentenansprüche ganz verschiedene Behörden zu entscheiden haben. Denn so, wie diese Zuständigkeiten jetzt geordnet sind, kann es leicht kommen und wird auch schon vorgekommen sein, daß jemand, der von der oberen Verwaltungsbehörde in letzter Instanz für versicherungspflichtig erklärt ist, trotz gehöriger Beitragsleistung von dem Schiedsgericht in erster, dem Reichsversicherungsamt in letzter Instanz mit seinem Rentenanspruch abgewiesen wird, und daß umgekehrt Personen, deren Versicherungspflicht verneint ist, bei Eintritt in die Invalidität resp. bei Vollendung des 70. Lebensjahres, wenn für sie die erforderlichen Marken geklebt worden wären, auf Rente Anspruch gehabt hätten. Die in dem erstgedachten Fall bestehende Unbilligkeit soll in dem neuen Invalidengesetz wenigstens insoweit gemildert werden, als eine Rückerstattungspflicht von Beiträgen ausdrücklich anerkannt wird, welche wegen irrtümlicher Annahme einer Versicherungspflicht entrichtet sind. Immerhin bleibt auch dann noch die getäuschte Erwartung für den Versicherten selbst, und die Armenpflege kommt, falls ihre Unterstützung angerufen ist oder demnächst angerufen wird, gleichfalls zu kurz.

Ebenso kann es jemandem ergehen, der irrtümlich seine Berechtigung zur freiwilligen Versicherung angenommen hat und demnächst zu seinem Schaden und möglicherweise zum Schaden der Armenverwaltung erfahren muß, daß er umsonst Beiträge geleistet hat. Wäre es da nicht richtig, daß irgend eine Stelle geschaffen wird, welche auf Anfrage mit **verpflichtender Wirkung** die Frage der Berechtigung prüft und gültig entscheidet?

Es kann auch nicht zugegeben werden, daß die Fälle, in denen die Versicherungspflicht oder das Recht zur freiwilligen Versicherung zweifelhaft ist, so gar selten sind. Denn es ist nicht abzusehen, wo dann eigentlich die zahlreichen, in den „Amtlichen Nachrichten" veröffentlichten Entscheidungen des Reichsversicherungsamts herkommen sollten, in denen es sich nicht etwa darum, ob Invalidität vorliegt oder ob ausreichende Marken geklebt sind, sondern einfach darum handelt, ob die Beschäftigung des Rentenansprechers eine versicherungspflichtige gewesen oder nicht. Man sage schließlich nicht, daß die Armenpflege an derartigen ungünstigen Entscheidungen uninteressiert sei. Nach meiner Erfahrung rufen gerade solche Personen, welche vergeblich Rente beansprucht haben, bald darauf die öffentliche Armenpflege an. Scheint es doch oft so, als wenn ihnen durch das Fehlschlagen ihrer Hoffnung die Flügel gelähmt wären!

Für Unfallverletzte besteht außer den Zweifeln, ob überhaupt Betriebsunfall vorliegt und ob ihre Beschäftigung zur Zeit des Unfalls versicherungspflichtig gewesen, noch die besondere Gefahr, daß sie oft nicht wissen, an welche Berufsgenossenschaft sie sich mit ihren Ansprüchen zu wenden haben. Allerdings sind die unfallversicherungspflichtigen Betriebe in der Regel sämtlich in das Kataster einer bestimmten Berufsgenossenschaft eingetragen. Aber mitunter ist dies nicht der Fall. Und auch dann, wenn der Betrieb katastriert ist, können doch häufig bei dem Ineinandergreifen der verschiedenen Betriebsarbeiten Zweifel darüber entstehen, welchem Betriebe die den Unfall herbeiführende Thätigkeit zuzurechnen und welche Genossenschaft daher zur Entschädigung verpflichtet ist. Hier zeigt sich so recht die Verschiedenheit der Voraussetzungen für die verschiedenen Versicherungsansprüche. Für die Leistungen der Krankenkassen kommt es auf nichts weiter an, als auf Krankheit resp. Erwerbsunfähigkeit, für die Rente der Versicherungsanstalten außer geleisteten Beiträgen auf nichts weiter als auf Invalidität, gleichviel woher die Krankheit oder die Invalidität ihren Ursprung hat. Weit schwieriger ist dagegen die Durchführbarkeit des Anspruchs auf Unfallrente. Hier genügt eben nicht der Nachweis des Unfalls und der auf den Unfall zurückzuführenden Minderung der Erwerbsfähigkeit, es genügt auch nicht, daß **Betriebs**unfall vorliegt. Der Unfall muß sich vielmehr bei einer gerade zu dem **versicherten** Betriebe gehörigen Beschäftigung ereignet haben. Beschäftigung und katastrierter Brief brauchen sich aber nicht immer zu decken.

Der Verletzte steht in solchen Fällen vor der Frage, an welche Genossenschaft er sich wenden oder ob er etwa gleichzeitig verschiedene Genossenschaften in Anspruch nehmen soll. Nimmt er nur **eine** Genossenschaft in Anspruch, so kann er leicht den Nachteil erleiden, daß, obwohl seine Entschädigungsberechtigung an sich unzweifelhaft ist, die Feststellung der Entschädigung sich verzögert, weil er sich im Irrtum über die genossenschaftliche Zugehörigkeit des Betriebes befindet oder weil Streit darüber entsteht, welche Genossenschaft zahlungspflichtig ist. Ja, es kann sogar vorkommen, daß er erst von der einen und dann von der anderen Genossenschaft rechtskräftig abgewiesen wird, indem es sich erst in dem zweiten Verfahren herausstellt, daß doch die zuerst angerufene Genossenschaft die entschädigungspflichtige ist. Häufig wird darunter die Armenpflege leiden. Denn für den Fall der bloßen Verzögerung wird sie, wenn sie angerufen wird, vorübergehend, für den Fall des Verlustes des Entschädigungsanspruchs dauernd eintreten müssen.

Diesen großen Übelständen wird hoffentlich recht bald ein Ende gemacht werden. Eine ganze Reihe von bisher zweifelhaften Ansprüchen wird offenbar schon durch die oben bereits besprochene Ausdehnung der Versicherung auf gewisse bisher nicht von ihr mitergriffene Arbeiten im Betriebe und außerhalb des Betriebes sichergestellt werden. Aber weiterhin schlägt die Novelle zum Unfallversicherungsgesetz außer Zuwendung einer vorläufigen Fürsorge seitens der zuerst angerufenen Genossenschaft ein sehr praktisches Verfahren vor, welches die Erlangung der Unfallrente auch für solche Fälle sichert, in denen es zweifelhaft erscheint, welche von mehreren Genossenschaften zahlungspflichtig ist. Werden diese Vorschläge Gesetz, so wird sich wahrscheinlich für die Armenpflege mancher Unterstützungsfall erübrigen.

Am wenigsten Anlaß zu Zweifeln in der besprochenen Beziehung bieten endlich, wenigstens in der Regel, die Rechte aus der Krankenkassenmitgliedschaft. Da nur die Krankheit allein für den erhobenen Anspruch entscheidend ist, so fällt jede Frage darnach, ob die Krankheit mit demjenigen Berufszweig im Zusammenhang steht, für welchen die betr. Krankenkasse errichtet ist, ohne weiteres fort. Da ferner nicht die Betriebe, sondern die einzelnen Mitglieder angemeldet werden, so wird, zumal die Anmeldung selten unterbleibt, kaum jemals eine Krankenkasse aus dem Grunde, weil die Mitgliedschaft des Erkrankten nicht feststeht, sich weigern einzutreten. Eine solche Weigerung dürfte eher vorkommen, wo die Anmeldung unterblieben ist. Insbesondere wird man es den Vorständen resp. den Geschäftsführern von Krankenkassen verzeihen, wenn sie im Einzelfall es ablehnen, für die Unterbringung eines Arbeitnehmers in Krankenhauspflege Sorge zu tragen, ehe sie nicht gehörig geprüft, ob der Erkrankte, trotzdem er bei ihr nicht gemeldet ist, dennoch vermöge seiner Beschäftigung ihr angehörte. Weil nun aber in Fällen solcher Ablehnung in der Regel die Armenpflege wird aushelfen müssen, überdies jeder Aufschub für die Erwerbsfähigkeit des Erkrankten verhängnisvoll werden kann, so ist die Armenpflege wesentlich dabei interessiert, daß der Anmeldepflicht in vollem Umfange Genüge geschieht.

Allerdings giebt selbst die Anmeldung nebst darauf erfolgter Beitragsleistung keine volle Gewähr für die Krankenkassenleistungen. Denn wenn es sich demnächst herausstellt, daß der Erkrankte vermöge seiner Beschäftigung einer anderen Kasse angehört, als derjenigen, zu welcher er gemeldet ist, so kann die Kasse nach geltendem Recht, trotzdem sie die Beiträge vereinnahmt hat, dennoch die Krankenunterstützung ablehnen, und sie kann auch durch die Aufsichtsbehörde zu Leistungen nicht gezwungen werden. Wohl giebt es jetzt nach der Novelle vom 10. April 1892 ein Verfahren, welches den Ersatz irrtümlich geleisteter Unterstützungen und die daraus zwischen den Krankenkassen unter sich entstehenden Streitigkeiten regelt. Allein es fehlt noch an einer gesetzlichen Bestimmung, welche diejenige Kasse, die die Beiträge angenommen hat, vorbehaltlich ihres Ersatzanspruchs zur Fürsorge verpflichtet. Und so kann es selbst vorkommen, daß jemand, der einer Kasse freiwillig beigetreten ist, gerade in dem Falle, für welchen er hat Vorsorge treffen wollen, hilflos dasteht. Kann er sich doch nicht einmal, nachdem er von seiner Kasse abgewiesen ist, an eine andere Kasse wenden! Er ist im Falle der Hilfsbedürftigkeit auf die Anrufung der Armenpflege angewiesen.

Anerkannt muß es freilich werden, daß die Gesetzgebung bemüht gewesen ist, durch eine Reihe von Bestimmungen der mehrfach erwähnten Novelle die früheren Zweifel über die Kassenzugehörigkeit auszuschließen. So ist gegenwärtig in Abs. 4 des § 19 des Krankenversicherungsgesetzes die Kassenzugehörigkeit der sogenannten gemischten Betriebe derart geregelt, daß bei Beachtung dieser Bestimmung ein Streit kaum mehr entstehen kann. Und so ist durch den § 5 a der Novelle einem Streit, der früher wohl jeder Armenverwaltung bei Geltendmachung von Ersatzansprüchen zu schaffen gemacht hat, dem Streit nämlich: welche Krankenkasse leistungspflichtig war, wenn ein Kassenmitglied bei Arbeiten außerhalb der Betriebsstätte oder wechselnd bald in diesem, bald in jenem Gemeindebezirk beschäftigt wurde und während einer solchen Beschäftigung erkrankte, ziemlich ein Ende gemacht. Bringt die Natur des Gewerbebetriebes Beschäftigungen außerhalb der Betriebsstätte an wechselnden Orten mit sich oder erstreckt sich der Betrieb auf verschiedene Gemeindebezirke, so gilt für obige Frage der Sitz des Gewerbebetriebes resp. diejenige Gemeinde als Beschäftigungsort, in welcher die mit der unmittelbaren Leitung jener Arbeiten betraute Stelle ihren Sitz hat.

b. Anlangend die Höhe der Leistungen aus der Arbeiterversicherung, so muß nach den bisherigen Erfahrungen vom Standpunkt der Armenpflege zugegeben werden, daß die Invaliden- und Altersrenten zur Zeit ungenügend sind. Sie reichen aus, wenn der Rentenempfänger noch in der Lage bleibt, selbst etwas zu erwerben. Ist dies jedoch nicht der Fall, ist namentlich der Rentenempfänger mit Siechtum oder schwerer Krankheit behaftet, so daß womöglich noch besondere Wartung und Pflege notwendig ist, so wird durch den Bezug der Rente die Hilfsbedürftigkeit nur zum Teil aufgehoben, und die unabweisliche Folge ist die, daß die Armenpflege nur zum Teil entlastet wird. Derselbe Umstand tritt ein, wenn, wie es bei Invalidenrentenempfängern häufig der Fall, Familienangehörige vorhanden sind, die noch nicht oder ebenfalls nicht mehr erwerbsfähig sind. Bei dem Tadel, der sich dann nicht bloß seitens der Beteiligten aus solchem Anlaß gegen die ganze Einrichtung erhebt, soll man aber doch ja nicht die Bedeutung der Invaliden- und Altersrente übersehen. Während die Unfallrente, wie sich dies aus der Art ihrer Berechnung ergiebt, wenigstens teilweisen Ersatz der verloren gegangenen Erwerbsfähigkeit gewähren soll, während die im Falle der Tötung zu zahlende Rente nach ausdrücklicher Vorschrift darnach zu bemessen ist, ob, wieviel und welche Personen auf die Fürsorge des Getöteten als ihres Ernährers angewiesen waren, ein Grundsatz, der in dem Entwurf des neuen Unfallversicherungsgesetzes noch weitere Ausdehnung z. B. auf den Witwer und die Enkel erfährt, während endlich die Wohlthaten der Krankenversicherung in mehr oder weniger erhöhtem Maße den abhängigen Familienmitgliedern zugut kommen, ist von alledem bei Festsetzung der Invaliden- und Alters-

rente keine Rede. Sie wird gleichmäßig berechnet, ob von der Erwerbs=
fähigkeit nichts mehr oder noch ein Rest übrig geblieben, ob der Renten=
empfänger sie ganz für sich verbrauchen kann oder noch mit anderen Per=
sonen zu teilen genötigt ist. Und doch, darin stimmen die Berichte aller
Armenverwaltungen ziemlich überein, hat bisher gerade die Invaliden= und
Altersversicherung hauptsächlich zur Entlastung der Armenpflege beigetragen
und wird voraussichtlich künftig noch mehr dazu beitragen. Ein klarer Be=
weis meines Erachtens dafür, daß von allen Versicherten der Kreis derer,
welche gegen Invalidität und Alter versichert sind, sich am meisten mit dem
Kreise der zuerst hilfsbedürftig werdenden, ohne die Versicherung der Armen=
pflege zur Last fallenden Personen deckt. Und noch eine zweite Folgerung
sei erlaubt! Um wieviel nachhaltiger würde die Invaliditäts= und Alters=
versicherung erst wirken, wenn die gleichen, eben erörterten Grundsätze wie
bei den beiden anderen Versicherungsarten auch auf die Berechnung i h r e r
Renten Anwendung finden würden! Einen Schritt zum Ausbau der Ver=
sicherung nach dieser Richtung hin wagt auch der Entwurf des „Invaliden=
gesetzes" nicht. Wohl aber dürfen wir es mit Freuden begrüßen, daß dieser
Entwurf höhere Renten an sich, wenigstens für die ersten 20 Beitragsjahre,
vorschlägt. Kommt dann noch die schon nach dem gegenwärtigen Gesetz ganz
von selbst aus der längeren Beitragsleistung sich allmählich ergebende Stei=
gerung der Renten hinzu, so ist wohl zu erwarten, daß der größte Teil der
Rentenempfänger wenigstens für sich allein ohne Zuhilfenahme öffentlicher
Armenunterstützung mit ihrer Rente auskommen wird.

 Beeinträchtigt wird im Gegensatz zu der Unfallrente, zu deren Erlangung
der versicherte Arbeitnehmer selbst nichts beiträgt, und im Gegensatz zu den
Krankenkassenleistungen, deren hauptsächlichster, meines Erachtens von den Be=
teiligten gar nicht genug gewürdigter Vorzug darin besteht, daß, abgesehen
von der freiwilligen Versicherung, das Recht des Versicherten sofort beim
Beginn der versicherungspflichtigen Beschäftigung, selbst ohne vorherige An=
meldung und Beitragsleistung, existiert wird, der Wert der Leistungen aus
der Invaliditäts= und Altersversicherung einmal durch die vorgeschriebene
Wartezeit und zweitens durch die Notwendigkeit der Beitragsleistung. Die
Abschaffung der Wartezeit ließe sich sehr wohl verteidigen, weil sie mit dem
Charakter der Versicherung eigentlich nichts zu thun hat, ihm vielmehr
geradezu widerspricht. Die Beseitigung der Beitragsleistung dagegen würde
das Wesen der Versicherung ziemlich aufheben. Höchstens könnte eine Er=
mäßigung in Frage kommen. Eine solche ist in dem mehrfach erwähnten
Entwurf für die unterste Lohnklasse bereits vorgeschlagen. Sie ließe sich
vielleicht in noch stärkerem Maße und auch für die übrigen Lohnklassen fest=
setzen, wenn der im Entwurf ebenfalls vorgeschlagene Plan der Verteilung
der aufzubringenden Rentenbeträge auf sämtliche Versicherungsanstalten des
Deutschen Reiches Gesetz würde, indem dann der angesammelte Fonds der
günstiger situierten Anstalten, der bei einigen bereits den Kapitalswert aller
Renten übersteigt und diesen die Erwägung der Beitragsermäßigung bereits
nahegelegt hat, den anderen Anstalten mit geringerem Vermögen in gleicher
Absicht zugut kommen möchte. Zu einem guten Teil aufgewogen werden
endlich die besprochenen Nachteile der Invaliditäts= und Altersversicherung

burch andere den Versicherten offenbare Vorteile einräumende Bestimmungen des Gesetzes. Zum Bezuge der Invalidenrente berechtigt schon die während eines Jahres, nach dem Entwurf: während eines halben Jahres andauernde Erwerbsunfähigkeit. Dieses Recht ist selbstverständlich davon abhängig, daß im übrigen die Voraussetzungen eines Rentenanspruchs vorliegen. Aber auch wenn dies nicht der Fall, wenn z. B. statt 235 Beitragsmarken nur ein Teil davon geklebt ist, kann die Versicherungsanstalt dem erkrankten Versicherten bereits durch Einleitung eines Heilverfahrens ihre Hülfe angedeihen lassen, wenn nämlich Gefahr vorliegt, daß sonst der Versicherte erwerbsunfähig werden würde. Von der Ausnutzung dieser im Entwurf noch weiter ausgestalteten Bestimmung für die Armenpflege soll später noch ausführlicher gesprochen werden.

Die Höhe der einem Unfallverletzten selbst gewährten Unfallrente und deren Festsetzung hat für die Armenpflege, ganz abgesehen davon, daß sie in der Regel reichlich genug bemessen ist, um jede anderweite Unterstützung entbehrlich zu machen, noch eine ganz besondere Bedeutung. Da sich die Rente, wie schon oben erwähnt, nach dem Grade der Minderung der Erwerbsfähigkeit richtet, so bietet sie zugleich einen sicheren Maßstab dafür, wieviel eigener Erwerb dem Rentenempfänger noch zugemutet werden kann. Aber gerade hierin liegt auch wieder eine besondere Gefahr für die Armenverwaltungen. Erhöht sich demnächst wieder die Erwerbsfähigkeit, so wird natürlich die Rente seitens der Berufsgenossenschaft heruntergesetzt. Kehrt die Erwerbsfähigkeit in vollem Umfange wieder, so wird die Rente ganz eingezogen. Das aber läßt sich nach meiner Erfahrung kein Rentenempfänger ruhig gefallen, ohne seinen Verlust die Armenverwaltung entgelten zu lassen. Sie soll und muß ihm das wiedergewähren, was die Berufsgenossenschaft ihm entzogen hat. Und wehe der Armenverwaltung, wenn etwa, was gar nicht selten vorkommt, das Gutachten des Armenarztes ihm Recht giebt oder auch nur die Möglichkeit einer erheblichen Behinderung der Erwerbsfähigkeit offen läßt! Die Armenpflege muß das angebliche Unrecht des Vertrauensarztes büßen. Ein derart gekränkter Unfallverletzter, der inzwischen aus anderen Ursachen invalide geworden war und deshalb unterstützt werden mußte, wurde wiederholt, aber vergeblich von uns auf Geltendmachung seines Invalidenrentenanspruchs hingewiesen. Er bestand darauf, daß ihm die entzogene Unfallrente wieder gewährt werden müsse. Ähnliche Erfahrungen wird wohl jede Armenverwaltung schon gemacht haben, vielleicht ein Beweis dafür, daß die Unfallrente im Verhältnis zur Invalidenrente zu hoch bemessen ist.

Das entgegengesetzte Urteil fordern die Leistungen der Krankenkassen heraus. Zwar ist wohl selten eine Orts- oder Betriebskrankenkasse bei den gesetzlichen Mindestleistungen allein stehen geblieben. Die meisten von ihnen gewähren freien Arzt und freie Medizin auch für die Familienangehörigen ihrer Mitglieder. Nur wenige Kassen giebt es, die nicht das Sterbegeld wesentlich erhöht und die nicht beim Tode der Ehefrau oder „eines Kindes" gleichfalls einen Anspruch auf Sterbegeld einräumen. Diese Mehrleistungen entsprechen offenbar dem am meisten fühlbar gewordenen Bedürfnis, und es ist gewiß nur anzuerkennen, daß die Krankenkassen anstatt für Erhöhung des Krankengeldes, die doch in erster Reihe den Mitgliedern für ihre Person zugut kommen würde, zunächst für ihre Familie in Bezug auf Krankenpflege und für ausreichende Mittel in Sterbefällen gesorgt haben. Aber die Armenpflege hat doch wohl noch weitergehende Wünsche nach Mehrleistungen in anderer Beziehung. Das Krankengeld erscheint für Kassenmitglieder mit zahlreicher Familie häufig viel zu niedrig. Eine Erhöhung auf $^3/_4$ des Tagelohnes, wenn auch vielleicht beschränkt auf Fälle, wo eine bestimmte Anzahl von Personen darauf angewiesen ist, wäre dringend zu wünschen. Bei Krankheiten, für welche nicht die Unfallversicherung demnächst einzutreten hat, ist die auf 13 Wochen beschränkte Dauer der Krankenunterstützung dem Heilprozeß und damit der Wiedererlangung der Erwerbsfähigkeit oft recht hinderlich. Verhältnismäßig wenige Kassen haben den Zeitraum erweitert, über 26 Wochen bei uns in Königsberg keine einzige Kasse. Die im Jahre 1893 von der „Socialen Praxis" gebrachte Mitteilung, daß die Heidelberger Ortskrankenkasse die Unterstützungszeit auf ein Jahr ausgedehnt habe, erregte nicht ohne Grund Aufsehen. Ganz notwendig wäre endlich eine ganz unbedingte und auf 6 Wochen ausgedehnte Wöchnerinnenunterstützung, und zwar sowohl für die weiblichen Kassenmitglieder selbst als für die Ehefrauen der männlichen Mitglieder. Die Aufzählung dieser Lücken mag genügen, weil sie hauptsächlich daran schuld sind, daß auch den gegen Krankheit versicherten Personen die Armenpflege häufig noch zu Hilfe kommen muß. An eine andere Unbilligkeit, die sich, soviel mir bekannt, fast in alle Kassenstatuten eingeschlichen hat, möchte ich aber doch noch erinnern. Ich meine die Bestimmung, daß Versicherten, welche sich eine Krankheit vorsätzlich oder durch schuldhafte Beteiligung bei Schlägereien oder Raufhändeln, durch Trunkfälligkeit oder geschlechtliche Ausschweifungen zugezogen haben, für diese Krankheit das statutenmäßige Krankengeld gar nicht oder nur teilweise gewährt werden kann. Ich will vorsätzliche Körperverletzung — eine solche kann doch nur in Betracht kommen — und ebenso Trunkfälligkeit als Ausschließungsgrund noch gelten lassen. Unmöglich aber kann es gerechtfertigt sein, daß jemand, der bei einer Schlägerei übel weggekommen ist, dessen schuldhafte Beteiligung womöglich vom Strafrichter demnächst hart geahndet wird, auch noch doppelt oder gar dreifach durch Entziehung der Krankenunterstützung gestraft wird. Und ebenso will es mir geradezu grausam vorkommen, daß jede geschlechtliche Ausschweifung, insbesondere in der bekannten Auslegung des Oberverwaltungsgerichts, dem Betroffenen so schwere Einbuße soll zuziehen können, während doch umgekehrt von allen Teilen gerade für solche Kranke die schleunigste Heilung angestrebt werden müßte, ein Erfolg, der durch die Entziehung der Krankenunterstützung geradezu verhindert wird.

Diese gerügten Unvollkommenheiten der Krankenversicherung lassen sich aber beseitigen oder doch wenigstens mindern, und hier sollten die Armenverwaltungen Einfluß zu üben suchen. Das ist ja eben der große Unterschied in dem innersten Kern der drei Versicherungsarten. Auch die Invaliditäts- und Altersversicherungsanstalten und die Unfallberufsgenossenschaften sind Repräsentanten der Selbstverwaltung, aber nur in beschränkterem Maße. Ihre Renten sind durch Gesetz festgelegt. Der Autonomie ist wenig Spielraum gegeben. Ganz anders die statutarischen Befugnisse der Krankenkassen. Sie können sich recken und strecken, völlig nach den Bedürfnissen ihrer Mitglieder und nach den vorhandenen Mitteln. Reichen diese nicht aus, so können entweder die Beiträge erhöht werden, freilich nur bis zu einer gewissen Grenze, oder die Kassenmitglieder können Anschluß an leistungs= fähigere Kassen suchen. Die verschiedensten Wege stehen offen, um leistungs= fähige Kassen zu schaffen. Die Armenverwaltungen aber können zur Be= nutzung dieser Wege anregen. Sie können auf die Zusammenlegung mehrerer für sich allein nicht leistungsfähiger Kassen oder auf Vereinigung mehrerer Gemeinden zu einer gemeinsamen Gemeindekrankenversicherung hinwirken, sie können darauf hinweisen, daß für größere Orte die Gemeindekrankenversicherung als die primitivste und am wenigsten prästable Form der Versicherungs= organe auf einen möglichst kleinen Kreis zu beschränken oder ganz und gar durch bessere Kassengebilde zu ersetzen ist, sie werden befugt sein, ein energi= sches Veto dagegen einzulegen, wenn etwa die geplante Handwerksorganisation dazu führen sollte, daß neu zu bildende Innungskrankenkassen die im besten Zuge begriffene Entwicklung der Krankenversicherung unnötigerweise hemmen oder gar stören.

c. Der Wert der Leistungen aus der Socialgesetzgebung an sich und insbesondere ihr Wert für die Armenpflege wird wesentlich erhöht durch möglichst schleunige Erfüllung der berechtigten Ansprüche der Versicherten. Daß dieses erstrebenswerte Ziel bisher immer erreicht worden, wird leider nicht behauptet werden können. Insbesondere den Bewerbern um Invaliden= und Unfallrente hat die Armenpflege bis zur Anweisung der Rente häufig aushelfen müssen. Um so mehr dürfen wir Männer von der Armenverwaltung uns darüber freuen, daß dieser offenbare Mangel auch von der Reichsregierung nicht unbemerkt geblieben und daß sie deshalb sowohl in der Novelle zur Unfallversicherungsgesetzgebung als auch in dem Entwurf des Invalidengesetzes durch geeignete Vorschriften das Rentenfeststellungsverfahren zu vereinfachen und zu beschleunigen sucht. In dem Verfahren zur Feststellung der Invaliden= rente soll künftig die obligatorische Anhörung der Vertauensmänner und der Krankenkassen sowie das obligatorische Gutachten der unteren Verwaltungs= behörde — beides verursacht jetzt häufig nicht geringen und mitunter un= nützen Zeitverlust — fortfallen. Bei ordnungsmäßiger Verwendung der Beitragsmarken soll zu Gunsten der Versicherung die gesetzliche Vermutung gelten, daß die Beitragsentrichtung auf Grund eines bestehenden Versicherungs= verhältnisses erfolgt ist. Das bedeutet ebenfalls unter Umständen erhebliche Zeitersparnis. Die Verpflichtung zur sofortigen Zahlung der in erster In= stanz zuerkannten Rente trotz Einlegung des Rechtsmittels des Rekurses wird für beide Versicherungsarten aufrecht erhalten und nur in Bezug auf die Rentenbeträge für die Zeit vor Erlaß der angefochtenen Entscheidung ein= geschränkt. Die Unfalluntersuchung soll regelmäßig sofort nach Eingang der Unfallanzeige, jedenfalls aber sofort, nachdem die Meldung aus § 76c des Krankenversicherungsgesetzes erfolgt ist, vorgenommen und zum schleunigen Abschluß gebracht, das Rentenfeststellungsverfahren aber so beschleunigt werden, daß die Unfallentschädigung an die Leistungen aus der Krankenversicherung auch thatsächlich sich thunlichst lückenlos anschließt. Wo irgend welche nicht sofort zu behebenden Anstände der endgültigen Festsetzung der Entschädigung noch im Wege stehen, soll ebenso wie in dem schon oben erwähnten Fall, wenn die Zugehörigkeit zur angerufenen Berufsgenossenschaft zweifelhaft ist, eine vorläufige Entschädigung bewilligt werden. Um die Lücke zwischen der Fürsorge der Krankenkasse und den erst mit Beginn der vierzehnten Woche eintretenden Leistungen aus der Unfallversicherung vollständig und auch für den Fall auszufüllen, daß das Heilverfahren vor diesem Zeitpunkt abgeschlossen, die volle Erwerbsfähigkeit aber noch nicht wiederhergestellt ist, soll die Berufsgenossenschaft nach Beendigung der sich aus der Krankenversicherung ergebenden Leistungen schon v o r dem Beginn der vierzehnten Woche nach Eintritt des Unfalls ihrerseits eine weitere Entschädigung zahlen, welche im Höchstbetrage dem weggefallenen Krankengelde gleichkommt. Werden diese Vorschriften Gesetz und genau beobachtet, so dürfte künftig für ein Eintreten der Armenpflege n e b e n der Versicherung die Notwendigkeit seltener werden.

Von den Krankenkassen kann man nach meiner Erfahrung kaum behaupten, daß sie ihre Leistungen den Berechtigten gegenüber irgendwie in schuldhafter Weise verzögern. Insbesondere, wenn es sich um ordnungsmäßig angemeldete Mitglieder handelt, pflegen sie stets rechtzeitig einzutreten. Nur, wo die Anmeldung unterblieben, ist es mitunter nötig, darauf hinzuweisen, daß schon die versicherungspflichtige Beschäftigung die Mitgliedschaft und die aus ihr sich ergebenden Rechte begründet. Selbst die viel kostspieligere Krankenhauspflege, obgleich daneben noch die Hälfte des Krankengeldes für die Angehörigen zu zahlen und obwohl ihre Gewährung in das freie Ermessen der Kassen gestellt ist, wird in der Regel gern und willig gewährt, wo sie nach dem Gutachten des Arztes notwendig ist. Beschwerden sind kaum jemals laut geworden. Früher konnte es wohl vorkommen, daß Versicherte, welche außerhalb des Bezirks der eigenen Kasse erkrankten, ohne Hilfe blieben und der Armenpflege ihres Aufenthaltsorts anheimfallen mußten. Seit dem Inkrafttreten der Novelle ist auch darin Wandel geschaffen, nachdem dieselbe die Gemeindekrankenversicherungen sowohl wie die Krankenkassen dazu verpflichtet hat, für einander unter Vorbehalt des Erstattungsanspruchs einzutreten.

d. Auch die Art, wie die Versicherungsorgane sich ihrer Pflichten gegen die Versicherten entledigen, ist für die Armenpflege n i c h t gleichgültig. Selbst die Versicherungsanstalten und die Berufsgenossenschaften, obwohl sie hauptsächlich bare und fest bestimmte Geldrenten gewähren, können ihre Befugnisse so verschieden handhaben, daß die Armenverwaltungen davon mehr oder weniger Vorteil haben. Werden zum Beispiel Renten mit Kapital abgefunden, so kann es leicht vorkommen, daß die Versicherung gar keinen oder nur vorübergehenden Nutzen bedeutet. Wird das empfangene Kapital unsicher angelegt oder leichtsinnig ausgegeben, so empfindet der Arbeitsunfähige die dann sich einstellende Not um so schwerer. Er wird sicher Stammgast der Armenverwaltung, während ihm der Fortbezug der Rente die Möglichkeit gegeben hätte, ganz ohne oder mit nur geringer oder zeitweiser Unterstützung auszukommen. Nun waren bisher nur die Invaliden- und Unfallrenten von A u s l ä n d e r n ablösungsfähig. Das soll jetzt jedoch anders werden. Unfallrenten von geringerem Betrage sollen künftig, auch wenn sie I n l ä n d e r n zustehen, auf deren Antrag abgelöst werden können. Das bedeutet meines Erachtens eine große Gefahr für die Versicherten, für deren Zukunft und für die Armenpflege. Gerade wer die Ablösung selbst beantragt, bietet mir keine Gewähr dafür, daß er von dem Kapital vernünftigen Gebrauch machen wird. Nebensächlich ist es, daß über die Höhe des Abfindungskapitals im schiedsrichterlichen Verfahren statt im ordentlichen Rechtswege entschieden werden soll. Fällt die in diesem Verfahren erzielte Abfindung gering aus, um so besser. Dann werden andere Berechtigte klüger sein und ihre sichere Rente nicht aufgeben. Eine weitere Gefahr aber liegt in der mit der allgemeinen Zulassung solcher Ablösung verknüpften Bestimmung, daß durch die Auszahlung des Kapitals die Folgen eines Betriebsunfalls ein- für allemal abgefunden sein sollen. Jetzt hat der Rentenbezieher das Recht, wenn seine Erwerbsunfähigkeit weiter heruntersinkt, auf Erhöhung der Rente anzutragen. Später muß der Ortsarmenverband die Folgen tragen. Gegen diese Bestimmung der Novelle zum Unfallversicherungsgesetz muß energisch protestiert werden.

Sehr bewährt scheint sich dagegen die Möglichkeit zu haben, die baren Invaliden- und Alters-, sowie die Unfallrenten für Land- und Forstarbeiter zum Teil durch Naturalienlieferung zu ersetzen. Bei Trunkenbolden, die die empfangene Rente sofort in Schnaps anlegen und dann, von allen Mitteln entblößt, dem Armenhaus überliefert werden, bis wieder der erste da ist und der Kreislauf von neuem beginnt, wird die Maßregel gewiß sehr nützlich wirken. Aber auch im übrigen müssen die Erfahrungen gute gewesen sein. Denn, von allen landwirtschaftlichen Berufsgenossenschaften haben nur sechs bisher von der Möglichkeit keinen Gebrauch gemacht, Naturalien statt Geldrente zu gewähren. Die übrigen haben die Befugnis hierzu statutarisch festgelegt.

Die Pflichten der Invaliden- und Unfallversicherung beschränken sich aber nicht auf Festsetzung und Zahlung von Renten. Wenn das infolge eines Betriebsunfalles nötig gewordene Heilverfahren mit 13 Wochen noch nicht beendet ist, so muß die Berufsgenossenschaft das Heilverfahren fortsetzen. Schon vorher aber kann sie in gleicher Weise das Heilverfahren anstatt der Krankenkasse übernehmen und daß die Versicherungsanstalten ebenfalls dazu befugt sind, ist schon früher erwähnt worden. Wie weit nun aber im Einzelfalle Mittel aufgewendet werden dürfen, um den angestrebten Zweck: die Verhütung des Eintritts baldiger Erwerbsunfähigkeit zu erreichen resp. zu fördern, das war nach den heute in Geltung befindlichen gesetzlichen Bestimmungen nicht ganz klar. Ob zum Beispiel außer Krankenpflege auch Unterbringung in einer Anstalt für Genesende oder die Anordnung einer Badekur zum Heilverfahren, oder ob Krücken, Stützapparate u. dergl. zu den Heilmitteln zu rechnen seien, das steht zur Zeit nicht fest und ist von den verschiedenen Organen verschieden beantwortet worden. Die dem Reichstag gemachten Gesetzesvorlagen wollen solche Zweifel beseitigen. Sie wollen sogar ein Heilverfahren im weitesten Umfange zu dem Zweck gestatten, um selbst Rentenempfängern ihre verloren gegangene Erwerbsfähigkeit ganz oder zum Teil wieder zu verschaffen. Es ist anzunehmen, daß diese Erweiterung der Befugnisse der Versicherungsorgane von ihnen zugleich als eine Erweiterung ihrer Verpflichtungen aufgefaßt werden und daß die so vermehrte Fürsorge für die Versicherten zu einem guten Teil auch der Armenpflege zugut kommen wird.

In gleicher Weise ist auch der Umfang und die Art der Krankenkassen=
leistungen nicht genau umgrenzt, vielmehr dem Ermessen ihrer Vertreter
Spielraum gegeben. Was unter der Aufzählung: Arznei, sowie Brillen,
Bruchbänder und ähnliche Heilmittel in § 6 Ziff. 1 des Kranken=
versicherungsgesetzes zu verstehen ist, steht in keiner Weise fest. Ob in diesem
oder jenem Erkrankungsfall Krankenhauspflege einzuleiten oder nicht, ist nach
dem Wortlaut des § 7 des gedachten Gesetzes der Bestimmung des Kassen=
vorstandes überlassen. Und doch hängt von der größeren oder geringeren
Bereitwilligkeit zu diesen Aufwendungen in der Regel der Erfolg der ganzen
Kur und damit die größere oder geringere Be= oder Entlastung der Armen=
pflege ab. Auch die Frage der freien Arztwahl, auf die hier unmöglich
näher eingegangen werden kann, gehört hierher. Ist doch das Vertrauen
zum behandelnden Arzt häufig die erste Voraussetzung des Kurerfolges, und
erleben wir doch mitunter, daß die ärmsten Leute ihre letzten Mittel auf=
wenden, um statt des Kassen= oder Armenarztes den Arzt ihres Vertrauens
zu Rat zu ziehen. Wie viele dauernde Belastungen der Armenpflege mögen
darauf zurückzuführen sein, daß Krankenkassenmitglieder ihren Arzt nicht frei
haben wählen können!

3. Zur Besserung dieser noch unvollkommenen Zustände können die
Armenverwaltungen unmittelbar und mittelbar beitragen. Unmittelbar da=
durch, daß sie den Trägern der Arbeiterversicherung die Erfüllung ihrer
schwierigen Aufgaben erleichtern. Es wird und muß ihre Aufgabe sein,
ihre Krankenanstalten dem erweiterten Bedürfnis äußerlich und innerlich an=
zupassen. Sie werden die Räume zur Aufnahme von Kranken erweitern, die
Krankenbetten vermehren, die Pflege der Kranken verbessern, Specialärzte zur
Mitwirkung in der Krankenhauspflege heranziehen müssen. Es ist ihnen
bringend anzuraten, die Aufnahmebedingungen für Mitglieder von Kranken=
kassen, Berufsgenossenschaften und Versicherungsanstalten soweit als irgend
angängig zu ermäßigen. Sie werden sich auch der Verpflichtung nicht ent=
ziehen können, Rekonvalescentenhäuser zu erbauen und sie den genannten
Organen gegen mäßigen Entgelt zur Verfügung zu stellen. Die für alle
diese Zwecke gemachten Aufwendungen werden sich reichlich einbringen.
So sehen wir auch, zum großen Teil dank der Einwirkung der
Socialgesetzgebung, neue und verbesserte Krankenhäuser und Anstalten für
Genesende aller Arten im Deutschen Reich entstehen. Die Stadtgemeinde
Königsberg hat die Gedenkfeier für Kaiser Wilhelm I., den Begründer der
Socialgesetzgebung, zum Anlaß genommen, um eine Kaiser Wilhelm=Stiftung
ins Leben zu rufen. Die aus ihren Mitteln zu gründende Kaiser Wilhelm=
Heilstätte soll namentlich auch genesungsbedürftigen Versicherten ihre Thore
öffnen. Unsere Krankenhausverwaltung hat bald nach dem Inkrafttreten der
Versicherungsgesetze erst den Krankenkassen, dann den Berufsgenossenschaften,
zuletzt auch der Versicherungsanstalt Ostpreußen billige Abonnements eröffnet,
vermöge deren dieselben in der Lage sind, ihre Versicherten jederzeit ohne
Schwierigkeiten in Krankenhauspflege zu geben. Zwar deckt der vereinbarte
Kurkostensatz auch hier nicht die Selbstkosten, zumal für außerordentliche
Aufwendungen, die nicht selten notwendig sind, ein besonderer Ersatz nicht
gefordert wird. Zwar kommt es häufig vor, daß die Heilung der ein=

gelieferten Kranken sich länger hinzieht, als die beteiligte Krankenkasse statutenmäßig einzustehen hat. Mitunter ist bei der Einlieferung der Kranken ein beträchtlicher Teil der dreizehn= resp. sechsundzwanzigwöchentlichen Garantiefrist bereits verstrichen, und nach der getroffenen Abmachung darf für die überschießende Zeit den Krankenkassen nichts in Rechnung gestellt werden. Wenn es deshalb nicht gelingt oder nicht möglich ist, die Berufsgenossenschaft oder die Versicherungsanstalt zur Übernahme des weiterhin erforderlichen Heilverfahrens zu bestimmen, so entstehen der Armen= resp. Krankenhausverwaltung bedeutende Kosten. Trotzdem haben wir uns zur Erhöhung des Kurkostensatzes bisher nicht entschlossen. Wir meinen nämlich einerseits, die finanziellen Kräfte der Versicherungsorgane soviel als möglich schonen zu sollen. Andererseits sind wir aus eigenem Interesse darauf bedacht, die Krankenhauspflege, soweit sie irgend geboten ist, zu fördern. Nur den leistungsfähigeren Betriebskrankenkassen und Berufsgenossenschaften gegenüber ist der ursprüngliche Satz aber auch nur unbedeutend erhöht. Die Folge unseres und des Entgegenkommens anderer hiesiger Krankenhäuser ist denn auch die, daß wegen des Kostenpunktes die Einleitung der Krankenhauspflege wohl kaum jemals unterbleibt, wenn sie zweckmäßig erscheint. Eine unserer Ortskrankenkassen, allerdings die größte, hat im Jahre 1896 für Krankenhauspflege allein fast 26 000 Mark, alle Königsberger Kassen zusammen einschließlich der Gemeindekrankenversicherung 63 500 Mark ausgegeben.

Aber auch mittelbar können die Armenverwaltungen die Organe der Arbeiterversicherung unterstützen. Im Geschäftsbetrieb der öffentlichen Armenpflege kommt es zu allererst zur Sprache, wenn Versicherungspflichtige nicht zur Krankenkasse angemeldet, wenn für sie überhaupt nicht oder nur in unzureichendem Maße Marken geklebt werden, wenn etwa versicherungspflichtige Betriebe nicht an die Unfallversicherung angeschlossen sein sollten. Der einzelne Fall und die für einzelne Personen zu entrichtenden Beiträge werden nicht viel ausmachen. Aber jede erstattete Anzeige verschärft die allgemeine Kontrolle und nötigt weitere Kreise zur Erfüllung ihrer Verpflichtungen. Ist doch vor kurzem von sachverständiger Seite behauptet worden, daß im Bereich der Versicherungsanstalt Posen ein gutes Drittel aller versicherungspflichtigen Personen der Invaliditäts= und Altersversicherungspflicht sich noch entziehe. Ebenso ist von der städtischen Verwaltung in Crefeld in ihrem Verwaltungsbericht pro 92/93 durch eine in doppelter Weise angestellte Berechnung der Nachweis geführt, daß damals wenigstens ein großer Teil von versicherungspflichtigen Personen entweder ganz unversichert war oder daß doch die zu verwendenden Marken nur zum Teil verwendet wurden. Wieviel Millionen Mark mögen auf diese Weise den Versicherungsanstalten alljährlich entzogen werden!

Je mehr Einnahmen, desto kräftiger entwickeln sich die Krankenkassen und die Versicherungsanstalten. Desto mehr können sie den Ansprüchen der Versicherten gerecht werden. Nicht ohne Grund ist den Aufsichtsbehörden die Befugnis, für die Gemeindekrankenversicherungen und die Ortskrankenkassen ihres Bezirks gemeinsame Meldestellen zu errichten, der Landescentralbehörde, der Versicherungsanstalt selbst und den Kommunalverbänden die Befugnis verliehen, die Einziehung der Invaliditäts= und Altersversicherungs=

beiträge den Krankenkassen resp. den Gemeindebehörden oder anderen Hebestellen zu übertragen. Solche Einrichtungen resp. Anordnungen werden gewiß zur einfachsten und sichersten Durchführung des Versicherungszwanges beitragen. Wo sie bereits getroffen sind, ist der Erfolg nicht ausgeblieben. Ebenso werden umgekehrt die in § 46 des Krankenversicherungsgesetzes zugelassenen Kassenverbände, sei es, daß sie nur zum Zweck der Anstellung eines gemeinsamen Rechnungs- und Kassenführers und anderer gemeinsamer Bediensteten oder daß sie zum Zweck der Abschließung gemeinsamer Verträge mit Ärzten, Apothekern, Krankenhäusern und Lieferanten von Heilmitteln oder zu den weiteren für zulässig erklärten Zwecken geschaffen sind, die Ausgaben der beteiligten Kassen nicht unwesentlich vermindern. Die Armenverwaltungen werden gut thun, alle diese Verbesserungen anzuregen und zu unterstützen, ebenso aber, woran schon oben gedacht, auf rechtzeitige Erhöhung der Krankenkassenbeiträge, schlimmstenfalls auf Schließung leistungsunfähiger und Zusammenlegung zu leistungsfähigen Kassen hinzuwirken.

Wenn endlich Unfallberufsgenossenschaften von ihrer Befugnis Gebrauch machen und die Betriebsunfälle nicht bloß durch Erlaß zweckmäßiger Unfallverhütungsvorschriften, sondern auch durch Überwachung der Betriebe auf deren Befolgung zu vermindern suchen, oder wenn Versicherungsanstalten und Berufsgenossenschaften die von ihnen angesammelten Kapitalien zum Teil dazu verwenden, um entweder eigene Unfall-Kranken- oder Rekonvalescentenhäuser zu errichten oder um sich wirksam an den Bestrebungen zur Verbesserung der Wohnungsverhältnisse der Arbeiter zu beteiligen, so werden auch dadurch die Aufgaben der Armenverwaltungen allmählich erleichtert und die Armenpflege entlastet werden.

II. Direkte Nutzbarmachung der Leistungen der Versicherung zu Gunsten der Armenpflege.

Das Bestreben einer solchen Nutzbarmachung hat im Laufe der Jahre, während deren die verschiedenen Versicherungszweige zu ihrer heutigen Entwicklung gelangt sind, wohl für alle Armenverwaltungen den mannigfachsten Verkehr und die vielseitigsten Beziehungen direkter Art zu den Trägern der Arbeiterversicherung ins Leben gerufen. Im allgemeinen wird sich dieser Verkehr und werden sich diese Beziehungen nach drei verschiedenen Richtungen gruppieren lassen, je nachdem es sich darum handeln wird:

1. entweder Forderungen, welche an die öffentliche Armenpflege erhoben werden, unter Verweisung auf die Ansprüche aus der Versicherung abzulehnen, oder

2. Aufwendungen, welche von der Armenpflege für Versicherte gemacht worden, durch Geltendmachung der Versicherungsansprüche der Unterstützten wieder einzubringen, oder

3. die etwa unzureichenden Leistungen der Versicherung derart zu ergänzen, daß sie nicht wirkungslos bleiben, sondern, wenn möglich, zu dem gewollten Erfolge führen.

Die zu 1. gedachte Thätigkeit erfordert neben großer Achtsamkeit hauptsächlich eine eingehende Bekanntschaft aller in der Armenpflege thätigen Organe mit dem ganzen Versicherungswesen. Insbesondere werden sowohl die Bureaubeamten der Armenverwaltung als auch die ehrenamtlich in der Armenpflege wirkenden Kräfte genaue Kenntnis haben müssen von den Kreisen derjenigen Personen, auf welche sich die einzelnen Versicherungszweige sei es nach dem Gesetz oder zufolge statutarischer Bestimmung oder vermöge der Befugnis zum freiwilligen Beitritt erstrecken, von der Bedeutung und den wesentlichsten Grundsätzen der verschiedenen Versicherungsarten, von den Voraussetzungen der Mitgliedschaft, von der gesamten Organisation am Orte selbst oder für den größeren Bezirk, zu welchem der Ortsarmenverband gehört, endlich von den Leistungen der verschiedenen Organe der Art und dem Umfange nach. Nur im Besitz dieser Kenntnis ist die Möglichkeit gegeben, in zuverlässiger Weise festzustellen, ob wirklich Hilfsbedürftigkeit im armenrechtlichen Sinne vorliegt, oder ob etwa der Bittsteller Ansprüche hat, welche ihn der Notwendigkeit der Unterstützung aus öffentlichen Mitteln überheben. Hierbei wird es zunächst auch völlig gleichgültig sein, welche Grundsätze in der einzelnen Armenverwaltung für die Anrechnung der Leistungen aus der Versicherung gelten. Denn in jedem Falle muß die Armenverwaltung wenigstens darüber Gewißheit haben, ob diejenigen Personen, welche ihre Hilfe nachsuchen, auf diese Hilfe angewiesen sind oder nicht. Jene Feststellung ist aber schon deshalb nötig, weil es überall Leute giebt und immer geben wird, welche gerne doppelte Vorteile genießen. Wem ist es z. B. noch nicht passiert, daß jemand um freies Begräbnis oder um Lieferung eines Sarges für irgend einen verstorbenen Angehörigen einkommt, während er von der Krankenkasse Sterbegeld entweder zu beanspruchen oder bereits abgehoben hat? Da heißt es: scharf aufpassen. Denn ist einmal das Sterbegeld ausgezahlt, so ist es in der Regel schwierig oder ganz unmöglich, für die Auslagen Ersatz zu erhalten. Die Krankenkasse zahlt noch einmal, weil sie in der Regel von der Anrufung der Armenpflege keine Kenntnis hatte. Das Sterbegeld ist aber vom Empfänger bereits ausgegeben. Um nun diese notwendige Kenntnis zu vermitteln, haben wir in Königsberg die in der Anlage (s. S. 31) mitabgedruckten Mitteilungen über Kranken- und Unfallversicherungswesen zusammengestellt und je ein Exemplar den sämtlichen Mitgliedern unserer Armenkommissionen behändigt. Diese Mitteilungen werden von Zeit zu Zeit neu redigiert, um teils die inzwischen eingetretenen Änderungen mitaufzunehmen, teils inzwischen gemachte Erfahrungen zu verwerten. Aus ihnen sehen die Armenräte und Armenpfleger mit ziemlicher Sicherherheit, ob in dem jedesmal vorliegenden Fall die Armenpflege einzutreten nötig hat oder wohin sonst der Bittsteller zu weisen ist.

Eine Miterwähnung der Leistungen der Invaliditäts- und Altersversicherung erschien aus mehrfachen Gründen nicht notwendig. Einmal kommt nur eine einzige Versicherungsanstalt in Betracht. Sodann kann es sich nur um Rentenbezüge handeln, da die Einleitung des Heilverfahrens doch erst jedesmal besonders zu beantragen ist und hierbei die Centralverwaltung in der Regel selbst mitwirkt. Endlich wird über die Rentenempfänger und die Höhe der Rente auf Grund der gesetzlich vorgeschriebenen Mitteilungen an die untere Verwaltungsbehörde ein genaues alphabetisches Verzeichnis geführt. Ein Verschweigen des Rentenbezuges kann also jedesmal kontrolliert werden.

Überhaupt geht bei unseren Einrichtungen kein Unterstützungsgesuch irgend welcher Art vom Rathaus an die Kommission, ehe nicht auf Grund des erwähnten Verzeichnisses festgestellt ist, wie es mit dem Anspruch auf Invaliden- und Altersrente steht.

Schwieriger ist es allerdings, in jedem Falle von den Leistungen aus der Unfallversicherung Kenntnis zu erhalten. Zur Mitteilung der bewilligten Renten an die interessierten Gemeinden sollen die Berufsgenossenschaften erst durch die Novelle zur Unfallversicherungsgesetzgebung verpflichtet werden. Die Verweisung des Unfallverletzten, der zunächst geheilt sein will, auf seine Ansprüche aus der Unfallversicherung wird wegen der bestehenden Centralisation kaum jemals angängig sein. Die erforderliche Hilfe durch ärztliche Behandlung, Medizin oder Krankenhauspflege wird stets ohne Verzug zu gewähren sein. Davon abgesehen aber, wird meines Erachtens jede Armenverwaltung sofort in der Lage sein, auch das Verhältnis des infolge eines Betriebsunfalles Hilfsbedürftigen zu seiner Berufsgenossenschaft ohne Mühe festzustellen. Bei der ersten Vernehmung muß es sich ja doch ergeben, aus welcher Veranlassung die Hilfsbedürftigkeit eingetreten und ob etwa Betriebsunfall vorliegt. Die zuständige Polizeibehörde muß davon unterrichtet sein und wird wahrscheinlich bereits die vorgeschriebene Untersuchung des Unfalls vorgenommen haben. Eine einfache Anfrage bei ihr führt zur Ermittelung der verpflichteten Berufsgenossenschaft, und von dieser ist dann wieder sofort alles nähere Wissenswerte zu erfahren. In unserer Armenverwaltung ist es denn auch kaum vorgekommen, daß die Ansprüche aus der Unfallversicherung resp. deren Leistungen bei Zumessung der nachgesuchten Unterstützung unberücksichtigt geblieben sind.

Muß doch überhaupt der ganze geschäftliche Apparat sowohl der Armen- wie der Armenkrankenpflege stets darauf hinwirken, die Versicherung an die Stelle der Armenpflege zu setzen, und dementsprechend eingerichtet sein. Bei uns enthält jeder Abhörbogen im Vordruck bestimmte Fragen über das Verhältnis des Abzuhörenden zur Krankenkasse, zur Unfallversicherung und zur Invaliditäts- und Altersversicherung. Nicht nur Ansprüche, die bereits feststehen oder doch sofort zu erwirken sind, werden gefragt. Auch die Anwartschaft auf die Zukunft und woran es etwa für den Anspruch selbst noch fehlt: alles das wird genau erörtert und zu den Akten gebracht, um, wenn nicht gleich, so doch später benutzt zu werden. Auf dieser Grundlage haben die Kommissionen auch späterhin bei jedem neuen Unterstützungsgesuche immer wieder von neuem zu untersuchen, ob etwa inzwischen Ansprüche erworben oder neu erwachsen sind. Ebenso hat jede spätere Revision ihr Augenmerk hauptsächlich auf diesen Punkt zu richten.

Selbstverständlich wird sich der recherchierende Armenpfleger nicht immer auf die ihm gemachten Angaben verlassen dürfen. Er wird selbst zu prüfen haben, ob die gegenwärtige oder frühere Beschäftigung des Hilfesuchenden zu Versicherungsansprüchen berechtigt oder nicht. Dazu sollten ihn die oben erwähnten „Mitteilungen" in den Stand setzen. Dieselben enthalten denn auch, damit sie diesem ihrem Zweck besser dienen, nicht nur eine Aufzählung der in Königsberg bestehenden Krankenkassen sowie eine Übersicht über deren und der Berufsgenossenschaften Leistungen. Sondern sie geben auch die haupt-

sächlichsten Grundsätze wieder, welche für die Verpflichtungen der Versicherungs=
organe in Betracht kommen, sie erwähnen die in der Praxis am häufigsten
vorkommenden Fälle, in denen sich Krankenkassen zu Unrecht weigern, ihre
Verpflichtungen zu erfüllen. So ist z. B. mit gesperrtem Druck aufmerksam
gemacht, daß nicht die Anmeldung zur Krankenkasse, sondern allein die Be=
schäftigung entscheidet, daß auch ausgeschiedene Kassenmitglieder noch eine
Zeitlang Anspruch auf Kassenleistungen behalten und daß die Ablehnung
der Krankenunterstützung aus dem Grunde, weil das betreffende Mitglied
bereits einmal dreizehn Wochen hindurch unterstützt worden, nur beim Zu=
sammentreffen bestimmter Voraussetzungen gerechtfertigt ist. Ein direkter
Verkehr der Armenpflegeorgane mit den Geschäftsführern der Krankenkassen
hat sich leider noch nicht eingebürgert, obwohl er beiden Teilen förderlich
sein möchte. Durch sofortige Rücksprache und durch Vornahme weiterer Er=
mittelungen würden zweifelhafte Ansprüche gewiß oft und leicht klargestellt
werden. Den Versicherten und den Kassen selbst bliebe ein langwieriges
Streitverfahren, der Armenverwaltung die vorläufige Aushilfe und die darauf
folgende Betreibung des Erstattungsverfahrens häufig erspart. Vielleicht
würde eine Ergänzung der Bestimmungen in § 76 des Krankenversicherungs=
gesetzes dem Ziele näher führen. Die dort vorgeschriebene Verpflichtung der
Krankenkassen zur Auskunfterteilung an Armenverbände setzt voraus, daß
letztere bereits Versicherte unterstützt h a b e n. Weshalb sollte aber die gleiche
Pflicht nicht auch da schon bestehen, wo die Unterstützung aus Mitteln der
Armenpflege erst erbeten wird und wo die begründete Vermutung vorliegt,
daß der Hilfsbedürftige bessere Ansprüche geltend machen kann? Ein anderes
Bedenken könnte dabei gleichzeitig erledigt werden. Die Auskunft sollen
jetzt nur fordern dürfen d i e B e h ö r d e n der Gemeinden und Ortsarmen=
verbände. Es ist mindestens fraglich, ob die ehrenamtlichen Armenpflege=
organe zu diesen Behörden zu rechnen sind. Thatsächlich ist die direkt er=
betene Auskunft unseren Armenräten mitunter verweigert. Vielleicht würde
sich eine geeignete Deklaration der gedachten Vorschrift auch nach d i e s e r
Richtung hin empfehlen. Ist doch nach feststehenden und in den Entschei=
dungen des Bundesamts für Heimatwesen bis zu einer gewissen Härte fest=
gehaltenen Grundsätzen die Unterstützung aus den Mitteln der Armenpflege
überhaupt nur berechtigt, wenn andere Hilfe nicht zu erreichen ist, wenn
insbesondere andere Verpflichtete nicht zu ermitteln sind. Sollen diese Grund=
sätze gegen den vorläufig unterstützenden Armenverband des Aufenthalts mit
aller Schärfe angewendet werden, so müssen meines Erachtens seine sämtlichen
Organe in der Lage sein, solche anderweit Verpflichtete, zu denen unzweifel=
haft auch Krankenkassen gehören, leicht und schnell zu ermitteln und zur Er=
füllung ihrer Verpflichtungen zu veranlassen. Um in jeder Beziehung sowohl
gegen die verpflichtete Kasse als auch gegen den Armenverband des Unter=
stützungswohnsitzes gesichert zu sein, sind unsere Armenpflegeorgane gegen=
wärtig angewiesen, in zweifelhaften Fällen jedesmal erst die Weigerung der
betreffenden Ortskrankenkasse festzustellen. Erst wenn der Vorstand oder der
Kassenführer bescheinigt, daß z. B. ein Anspruch auf Sterbegeld seiner An=
sicht nach nicht begründet ist, und deshalb abgelehnt wird, darf der Armen=
rat dem nach seiner Meinung Berechtigten freies Begräbnis bewilligen.

2. Die Geltendmachung von Erstattungsansprüchen wird wohl überall und richtiger der Centralarmenverwaltung überlassen. Hierzu erscheinen geschulte Bureaukräfte jedenfalls geeigneter. Dieser Umstand mag wohl hauptsächlich zu der Meinung verführen, als berührten sich Armenpflege und Versicherung am allermeisten gerade in dieser Beziehung, als nähre sich der Fonds der öffentlichen Armenpflege geradezu von den Mitteln der Versicherungsorgane. So sehr dies auf den ersten Blick richtig scheinen mag, indem eben die gesamte diesbezügliche Thätigkeit an einer einzigen Stelle sich konzentriert: in Wirklichkeit liegt die Sache doch ganz anders. Es sind, trotz vieler aufzuwendender Mühe, trotz manchen durchzufechtenden Streitverfahrens schließlich, selbst in großen Armenverwaltungen, doch immer nur wenige Tausende Mark jährlich, die auf dem Wege der Erstattung in die Armenkasse zurückfließen. Weit größer ist jedenfalls die Entlastung, welche der Armenpflege durch die Leistungen der Arbeiterversicherung von vornherein zu teil wird, indem diese Leistungen den Eintritt der Hilfsbedürftigkeit überhaupt verhindern. Trotzdem ist vom Standpunkt der Armenverwaltungen rühmend anzuerkennen, daß die Socialgesetzgebung durch ausdrückliche Bestimmungen, die sie getroffen, bemüht gewesen ist, die Armenpflege und die Versicherungsleistungen auch nach dieser Richtung in möglichst nahe Beziehungen zu einander zu bringen Der § 35 des Invaliditäts- und Altersversicherungsgesetzes, der § 8 des Gewerbeunfallversicherungsgesetzes und die analogen Bestimmungen der Specialgesetze für die Unfallversicherung, endlich der § 57 des Krankenkassengesetzes: sie alle konstruieren zu Gunsten des Armenverbandes, der versicherte Personen wegen Hilfsbedürftigkeit hat unterstützen müssen, einen im Wege der gesetzlichen Cession von selbst sich vollziehenden Übergang der verschiedenartigen Versicherungsansprüche auf den Armenverband. Sie ergänzen durch diese cessio legis in wirkungsvoller Weise die Bestimmungen in § 62 des Unterstützungswohnsitz-Gesetzes in zwei Punkten. Zwar giebt schon dieser § 62 des genannten Gesetzes den Armenverbänden die Befugnis, für ihre Auslagen an Unterstützung Ersatz von dritten, anderweit Verpflichteten zu fordern. Allein diese Befugnis ist dadurch eingeschränkt, daß diejenigen Leistungen, zu welchen der Dritte verpflichtet ist, mit denjenigen Leistungen, welche der Armenverband gemacht hat und für welche er Ersatz zu fordern berechtigt ist, gleichartig sein müssen. Nicht bloß das Maß der Leistungen, sondern auch ihre Voraussetzungen müssen dieselben sein. Ob nun diese Gleichartigkeit in jedem Falle vorhanden ist, dürfte in Ermangelung einer dahin lautenden ausdrücklichen Gesetzesvorschrift häufig recht zweifelhaft sein. In vielen Fällen wird sogar die Frage der Gleichartigkeit zu verneinen sein. So sind z. B. die Ansprüche eines früheren Staats- oder Kommunalbeamten auf Zahlung der ihm gesetzlich zustehenden Pension durchaus verschieden von den Ansprüchen eines Hilfsbedürftigen auf Armenunterstützung. Die letzteren setzen notwendig den Eintritt einer auf andere Weise nicht abweisbaren Bedürftigkeit voraus. Der Anspruch auf Pension dagegen ist von jeder derartigen Voraussetzung unabhängig. Selbst dem reichsten Pensionär darf von seiner Pension nichts gekürzt werden, weil er auch ohne sie auskommen könnte. Aus diesen Gründen hat denn auch das Reichsgericht in der Bd. 19 S. 186 abgedruckten

Entscheidung dahin erkannt, daß ein Ortsarmenverband Ersatz der für einen Unterstützungsbedürftigen gemachten Aufwendungen von dem Fiskus aus der von diesem dem Unterstützten zu zahlenden Pension nicht fordern kann. Alle solche Zweifel sind für das Gebiet der Leistungen aus der Versicherungs= gesetzgebung durch die erwähnte cessio legis ein= für allemal beseitigt. So erscheint es vielleicht auf den ersten Blick etwas wunderbar, daß, wie das Oberverwaltungsgericht entschieden hat, Irrentransportkosten aus ge= schuldeten Krankenkassenleistungen erstattungsfähig sein sollen. Gehört doch die Verpflichtung zum Transport erkrankter Kassenmitglieder weder zu den gesetzlichen noch zu den statutarisch möglichen Leistungen der Krankenkassen. Indessen der § 57 des Krankenkassengesetzes erklärt diese Auffälligkeit. Der Unterstützungsanspruch des Transportierten gegen seine Krankenkasse geht im vollen Betrage auf den Ortsarmenverband über. Nur der Zeitpunkt des Transportes muß in den Zeitraum der Kassenunterstützung hinein= oder mit ihm zusammenfallen.

Umgekehrt: wo die cessio legis, wie in den Beamtenpensionsgesetzen, fehlt, stellen sich auch sofort die oben erwähnten Zweifel und Schwierigkeiten für die Armenpflege ein. So fehlte der Übergang der Unterstützungsansprüche auf den Armenverband kraft Gesetzes im Hilfskassengesetz vom 7. April 1876. Dieser Übergang ist erst geschaffen durch § 76 der Novelle zum Krankenversicherungsgesetz. Er fehlt, wohl aus Vorbedacht, in dem Gesetz, betr. die Fürsorge für Beamte infolge von Betriebsunfällen, vom 18. Juli 1887, so daß die Unfallrenten der Beamten ebenso wie ihre Pensionen seitens der Armenverbände nicht angetastet werden können. Er fehlt endlich noch gegenwärtig im Haftpflichtgesetz vom 7. Juni 1871, und die Entscheidung des Reichsgerichts — Bd. 2 S. 45 —, welche in dem dort vorliegenden Fall trotzdem die Erstattungsberechtigung des klagenden Armenverbandes an= genommen hat, ist, abgesehen von ihrer Anfechtbarkeit, für künftige ähnliche Fälle keineswegs entscheidend. Die Erstattungsfähigkeit wird dort bejaht, weil die Armenunterstützung wegen aufgehobener Erwerbsfähigkeit, also, wie das Reichsgericht zu folgern scheint, aus einer mit Hilfsbedürftigkeit gleich= artigen Ursache gewährt worden war. Ob aber die Entschädigungsansprüche aus dem Haftpflichtgesetz in weiterem Maße unter die Leistungen, von denen § 62 des Unfallversicherungsgesetzes spricht, zu rechnen sind, sollte nicht mit= entschieden werden.

Aber noch in einer zweiten Beziehung verbessern meines Erachtens die oben citierten Paragraphen der Versicherungsgesetze die rechtliche Stellung der Armenverbände in der Geltendmachung von Erstattungsansprüchen. Auch der § 62 des Unfallversicherungsgesetzes enthält bereits eine cessio legis in ge= wissem Sinne. Aber, wie bei der gewöhnlichen Cession von Rechten, ist eine ausdrückliche Benachrichtigung des debitor cessus erforderlich, damit derselbe gehindert ist, sich mit dem Cedenten in Verhandlungen über die cedierte Forderung einzulassen. Anders die Rechtslage der Versicherungs= organe. Die bloße Leistung von Armenunterstützung bewirkt den Über= gang des Versicherungsanspruchs in das Eigentum des unterstützenden Armen= verbandes. Dieser als Cessionar wird zwar zweckmäßigerweise seinen Anspruch sofort an zuständiger Stelle anmelden. Aber einer ausdrücklichen Anmeldung wird es nicht immer bedürfen. Es wird vielmehr genügen, wenn z. B. die Krankenkasse auf irgend eine andere glaubhafte Weise erfährt, daß ihr erkranktes Kassenmitglied im Wege der Armenfürsorge in Krankenhauspflege genommen ist. Nachdem sie dies erfahren, wird sie zur Vermeidnng doppelter Zahlung den auf die Krankenhauspflege entfallenden Teil des Krankengeldes an den Versicherten nicht mehr zahlen dürfen. Vorsichtige Berufsgenossenschaften pflegen denn auch, insbesondere vor Auszahlung rückständiger Rentenbeträge, den zuständigen Armenverband wegen seiner Auslagen an Unterstützungen besonders anzufragen.

Ganz selbstverständlich erscheint es mir andererseits, daß die Armenverwaltungen den ihnen von den Versicherungsgesetzen eingeräumten Erstattungsanspruch in der Begrenzung hinzunehmen haben, in welcher er ihnen durch die oben citierten Paragraphen gegeben ist. Es würde sich meines Erachtens sogar — ohne ausdrückliche Bestimmung des Gesetzes — von selbst verstehen, daß z. B. eine Unfall- oder Invalidenrente, die einem Unterstützten erst für die letzten Monate bewilligt ist, für Armenunterstützung aus dem Vorjahr nicht in Anspruch genommen werden darf. Um so mehr ist die gesetzliche Bestimmung zu respektieren, welche verlangt, daß Rente und daraus zu deckende Unterstützung zeitlich zusammenfallen, und ich kann nicht begreifen, wie sich verschiedene Armenverbände mit Entscheidungen des Oberverwaltungsgerichts in diesem Sinne nicht haben zufrieden geben können.

Allerdings ist diesem Erfordernis der zeitlichen Deckung von einigen Versicherungsanstalten in anderer Beziehung eine Auslegung gegeben worden, die geradezu geeignet ist, die Erstattungsansprüche der Armenverbände illusorisch zu machen. Der Übergang auf den Armenverband aus § 35 des Gesetzes betreffe, so meint man, nicht den ganzen, auf eine Reihe von Einzelleistungen gerichteten Anspruch auf Rente, sondern immer nur diejenige Rate, die auf den Zeitraum entfalle, für welchen die Armenunterstützung bereits gewährt worden. Da nun aber die Rente stets monatlich im voraus zu zahlen sei, so könne von einem Übergang des Anspruchs auf den Armenverband höchstens noch dann die Rede sein, wenn es sich um Auszahlung von Rentenbeträgen handle, die für die Zeit vor Feststellung des Rentenanspruchs nachzuzahlen seien. Soweit es sich dagegen um solche Nachzahlungen handle, müsse die Liquidation, die ein Armenverband stets erst am Schluß eines Monats für die im Laufe desselben geleisteten Unterstützungen einreiche, stets erfolglos bleiben. Denn derjenige Teil der Rente, auf den die Zulässigkeit der Überweisung beschränkt sei, sei bereits ausgezahlt, das Objekt der Befriedigung des Armenverbandes sei schon verbraucht. Diese Auslegung des Gesetzes ist nicht bloß gesucht, sondern auch falsch. Denn sie widerspricht der bestimmt ausgesprochenen Absicht des Gesetzgebers, wonach die öffentliche Armenpflege, soweit sie neben der Gewährung von Invaliden- und Altersrenten noch eintreten muß, eben dadurch, daß sie in der Rente ihre Deckung findet, entlastet werden soll. Ihr ist deshalb auch von maßgebender Stelle ausdrücklich widersprochen worden, und der Entwurf des neuen Invalidengesetzes schlägt zwar eine genauere, diese Auslegung ausschließende Fassung des § 35 vor, betont jedoch in seiner Begründung, daß diese Fassungsänderung entbehrlich sei, weil sie sich schon von selbst verstehe.

Die Armenpflege in ihren Beziehungen zu d. Leistungen d. Socialgesetzgebung. 27

Wie nun die einzelnen Armenverwaltungen am einfachsten und besten ihre Erstattungsansprüche sichern können, das wird gewiß jeder der Beteiligten selbst am besten wissen. Das diesbezügliche Verfahren wird überall, je nach dem Verhalten der Versicherungsorgane, ein verschiedenes sein. Nur soviel mag erwähnt sein, daß die Mitwirkung der Gemeindebehörden bei der Auswirkung der Invaliden= und Altersrenten dem Armenverband ausreichende Gelegenheit geben dürfte, etwaige Erstattungsansprüche rechtzeitig anzumelden, daß die oben schon vorgeschlagene Auskunfteinholung bei der Polizeibehörde über einen Betriebsunfall, welcher die Hilfsbedürftigkeit des Unfallverletzten veranlaßt hat, und die demnächstige Anmeldung der verauslagten Unterstützung zur Erstattung in der Regel zu einem befriedigenden Ergebnis führen wird und daß hauptsächlich die Krankenhausverwaltungen anzuweisen sein werden, die Aufnahme von versicherten Personen oder von Rentenempfängern, sobald es sich im ordnungsmäßigen Geschäftsgange thun läßt, an zuständiger Stelle behufs Erstattung der Kurkosten anzumelden.

Ebenso dürfte es zu weit führen, das Verfahren im einzelnen zu verfolgen, welches dazu dient, die Erstattungsansprüche gegen ablehnende Versicherungsorgane zu realisieren. Zu betonen wäre nur das durchaus selbständige Recht der Armenverbände zur Durchführung ihrer Ansprüche, sei es daß dieselben im Verwaltungsstreitverfahren oder daß sie beim Schiedsgericht in erster und beim Reichsversicherungsamt in letzter Instanz geltend gemacht werden. Aus dieser Selbständigkeit des Erstattungsanspruchs folgt denn auch, daß die Armenverbände nicht bloß jedesmal als Partei zur Verhandlung über den Rentenanspruch mit vorzuladen sind, sondern daß sie, unabhängig vom Versicherten selbst, Rechtsmittel einlegen dürfen, ja daß sie sogar das Rentenfeststellungsverfahren im Interesse der Erstattung ihrer Auslagen nach dem Tode des eigentlichen Berechtigten fortzusetzen berechtigt sind. All dies ist in wiederholten Entscheidungen des Reichsversicherungsamts hinlänglich klargestellt.

Verschieden hiervon sind jedoch die nicht seltenen Fälle, in denen die Armenverbände vor die Aufgabe gestellt sind, noch erst die Voraussetzungen für die Berechtigung der Versicherten an sich zu schaffen oder doch wenigstens nachzuweisen. Zwar kann von dieser Thätigkeit den Krankenkassen gegenüber nicht gut die Rede sein, da hier die fehlenden Voraussetzungen sich nachträglich überhaupt nicht beschaffen lassen, die Frage aber, ob Krankheit und Erwerbsunfähigkeit vorliegt, kaum streitig werden oder doch von den Kassenärzten autoritativ entschieden werden dürfte. Wohl aber ist dies der Fall gegenüber den Versicherungsanstalten und in gewissem Sinne auch gegenüber den Unfallberufsgenossenschaften. Kommt es doch nur zu häufig vor, daß zwar die versicherungspflichtige Beschäftigung für die Erlangung der Invaliden= oder Altersrente zur Genüge nachgewiesen, aber nicht die genügende Anzahl von Quittungsmarken verwendet ist. Wenn in solchen Fällen der Markenbeitrag von dem eigentlich Verpflichteten aus irgend welchen Gründen nicht mehr eingezogen werden kann, so wird sich die beteiligte Armenverwaltung kaum dem Verlangen, die fehlenden Marken selbst aus ihren Mitteln nachzubringen, entziehen können. Handelt es sich doch in der Regel nicht nur um die Erstattung von aufgewendeten, sondern mehr noch um die Entlastung von künftig aufzuwendenden Unterstützungen. Will man ferner noch in größerem Umfange vorbeugende Fürsorge handhaben, so liegt es nicht gar zu fern, solchen Personen, die sich selbst versicherungspflichtige Arbeit nicht mehr beschaffen können, solche in irgend geeigneter Art zuzuweisen, damit sie das noch Fehlende nachholen können.

Ebenso wird häufig die Armenpflege einzutreten haben, um insbesondere Unfallverletzte, die im Verdacht der Simulation stehen, entweder der Simulation zu überführen oder ihnen behilflich zu sein, diesen Verdacht, wenn er unbegründet ist, zu widerlegen. Speciell aus meiner Praxis kann ich von verschiedenen Fällen berichten, wo Unfallverletzte wegen fehlenden Nachweises ihrer Erwerbsunfähigkeit von den Berufsgenossenschaften abgewiesen waren und wo dann eine längere Beobachtung ihres Zustandes in der städtischen Krankenanstalt die bestrittene Erwerbsunfähigkeit bewiesen half.

Zu erwähnen wäre endlich noch diejenige Sorgfalt, zu deren Anwendung der vorläufig unterstützende Armenverband gegenüber dem definitiv verpflichteten Verbande entschieden verpflichtet ist. Mit Recht wird es dem ersteren zum Vorwurf gemacht werden, wenn er erkrankte Personen für Rechnung des letzteren unterstützt, anstatt die verpflichtete Krankenkasse zur statutenmäßigen Leistung heranzuziehen. Aber ebenso wird es zum pflichtmäßigen Handeln des ersteren gehören, daß er gleichwie im eigenen so auch im Interesse des fremden Armenverbandes die Hilfsbedürftigkeit des vorläufig Unterstützten durch Auswirkung von Unfall-, Invaliden- oder Altersrenten zu beseitigen bemüht ist. Interessant ist in dieser Beziehung die Streitfrage, welchem von beiden Armenverbänden, vorausgesetzt, daß die tarifmäßig erstatteten Kosten die Aufwendungen der Krankenhauspflege nicht decken, die Leistungen der verpflichteten Krankenkassen zugut kommen, und es will mir nicht bloß als ein Akt ausgleichender Gerechtigkeit, sondern auch vom rechtlichen Standpunkte aus durchaus gerechtfertigt erscheinen, wenn das Oberverwaltungsgericht die Leistungen der Krankenkasse im Gegensatz zu vorangegangenen Entscheidungen des Bundesamts zwischen beiden Armenverbänden nach Verhältnis der von jedem aus eigenen Mitteln gemachten Aufwendungen teilen will.

3. Ein noch weit reicheres Bild der Thätigkeit eröffnet sich für die Armenpflege teils dadurch, daß sie berufen ist, die Leistungen der Arbeiterversicherung zu ergänzen, teils dadurch, daß sie vielfach Gelegenheit hat, die Versicherungsorgane in ihren Bemühungen um das Wohl der Versicherten zu unterstützen.

Davon, daß oft die Unterstützung der Krankenkassen nicht ausreichend ist oder daß die Hilfe der Berufsgenossenschaften mitunter zu spät kommt, und daß aus diesen Gründen die Armenpflege hilfreiche Hand bieten muß, ist schon oben bei Besprechung der Leistungen der einzelnen Versicherungsarten die Rede gewesen. Auch des Umstandes geschah bereits Erwähnung, daß die Krankenkassen ihre Leistungen oft eher einstellen, als die Krankheit geheilt oder die Erwerbsunfähigkeit beseitigt ist. Wo sich dann die Hilfe der Unfallversicherung anschließt, werden Lücken kaum entstehen. Wenn aber der Erkrankte gegen Unfall gar nicht versichert oder wenn die Krankheit nicht einem Betriebsunfall zuzuschreiben ist, da wird anderweite Hilfe durchaus notwendig sein, schon damit nicht das bisher Geleistete nutzlos aufgewendet ist. Angesichts dieser Notwendigkeit ist es gewiß zu loben, wenn sich, wie in Leipzig, Menschenfreunde zu dem Zweck vereinigen, um den sogenannten ausgeschoßten Krankenkassenmitgliedern aus Mitteln der Wohlthätigkeit zur Genesung zu verhelfen. Aber diese Hilfe ist doch immer nur unvollständig. Bei der Unzulänglichkeit der Mittel wird immer nur eine Auswahl unter vielen getroffen werden können. Wer aber steht dafür, daß diese Auswahl richtig und zweckmäßig getroffen wird? Manch einer, dem die Hilfe ganz besonders notwendig wäre, kennt den Verein vielleicht gar nicht oder versäumt es, sich zu melden. Und wenn einmal die Mittel nicht mehr so reichlich fließen, so muß die Vereinsthätigkeit notgedrungen eingeschränkt werden. Ob es deshalb nicht doch geratener ist, die Armenpflege in erster Reihe walten zu lassen? Wir in Königsberg haben die Armenpflege für diese Zwecke angespannt und allem Anschein nach die erfreulichsten Resultate erzielt. Selten ist eine Aufforderung, wie die von uns an sämtliche Krankenkassen gerichtete, uns die ausgeschoßten Mitglieder und zwar womöglich schon einige Zeit vor Ablauf der Unterstützung zu melden, in gleichem Maße beachtet worden. Zahlreiche Meldungen liefen gleich in den ersten Wochen und laufen auch jetzt noch regelmäßig ein. Nun braucht aber nicht immer die Armenverwaltung selbst mit Kur und Pflege einzustehen. Wo der Fall irgend dazu geeignet, daß der Versicherungsanstalt Ostpreußen die Übernahme des Heilverfahrens zugemutet werden kann, wird diese nach Abhörung und ärztlicher Untersuchung des Hilfsbedürftigen beantragt. Der Anstalt ist es oft erwünscht, rechtzeitig angerufen zu werden. Sie erklärt daher gern und häufig die Übernahme. Mitunter stellt sich bereits vorhandene Invalidität heraus. Dann hat unser Antrag in anderer Richtung nützlich gewirkt. Wo aber die Übernahme des Heilverfahrens abgelehnt wird oder wo dieselbe nicht abgewartet werden kann, greifen wir selbst sofort ein. Überhaupt kann nach meiner Erfahrung die Pflege armer Kranker, sei es nur durch Arzt und Medizin oder durch Krankenhausbehandlung, nicht intensiv genug betrieben werden. Bei uns ist denn auch, wie in manchen anderen Städten, nicht bloß unseren Armenärzten, sondern überhaupt jedem einzigen praktischen Arzt durch besonderes Ersuchen freigestellt oder richtiger empfohlen, geeignete Patienten ohne irgend welche Präliminarien unserer städtischen Krankenanstalt zu überweisen.

Mitunter wird es vorkommen, daß die angerufenen Versicherungsorgane zu der hilfebringenden Kur sich nicht verstehen wollen, weil die ihnen zugemutete Aufwendung ihre verfügbaren Mittel übersteigt oder doch zu groß ist, um von ihnen allein getragen zu werden. Auch da wird die Armenverwaltung mit ihren Mitteln ergänzend einzutreten haben. So haben wir erst kürzlich einem gichtkranken Fabrikarbeiter, dem monatelange Kur hier am Orte nicht geholfen hatte, eine ziemlich kostspielige Badekur ermöglicht, die ihn hoffentlich wieder ganz auf die Beine bringen wird. Auf dem gleichen Gebiet liegt das schon oben erwähnte Entgegenkommen unserer Armenverwaltung, welches sämtlichen Versicherungsorganen durch Ermäßigung des sonst üblichen Kurkostensatzes die Entschließung erleichtert, wenn es sich darum handelt, ihren Versicherten nachhaltige Kur und Pflege in einer Krankenanstalt zu gewähren. Wir selbst wiederum haben den unserer Krankenpflege anvertrauten Personen durch vorteilhafte Abmachungen mit Specialärzten und anderen Kliniken die so häufig erforderliche Specialbehandlung gesichert. Die schon oben besprochene Errichtung einer Heimstätte für Genesende wird hoffentlich ebenfalls eine wesentliche Ergänzung der Leistungen der Versicherungsorgane bilden und die ihnen zugewiesenen Aufgaben erleichtern. Erwähnt mag endlich noch werden, wie auch geringe Renten bei verständiger Benutzung die völlige Versorgung des Rentenempfängers ermöglichen können. Sollten sich wirklich nicht Verwandte oder Freunde finden, denen der wenn auch kleine Zuschuß zum Wirtschaftsgelde willkommen ist und die daher das Mitessen und Mittrinken an ihrem Tisch gestatten, so wird in der Regel die Armenverwaltung ein Ruheplätzchen zu beschaffen wissen, dessen Kosten durch die Rente wenigstens teilweise gedeckt werden. Mußten doch früher die erwerbsunfähigen Personen, die der Armenpflege anheimfielen, von ihr häufig in allen Lebensbedürfnissen ohne jede Gegenleistung unterhalten werden!

Und so strömt der Segen der Socialgesetzgebung in reichem Maße hinüber und herüber. Haben schon jetzt in den verschiedensten Bezirken des deutschen Vaterlandes Berufsgenossenschaften und Versicherungsanstalten vorzüglich eingerichtete eigene Krankenhäuser, Sanatorien und Genesungsheimstätten geschaffen, hat man schon jetzt die nachhaltige Bekämpfung des furchtbarsten Feindes der Arbeiterbevölkerung — der Lungenschwindsucht — mit Hilfe der Socialgesetzgebung in Angriff zu nehmen versucht, so werden alle diese Bestrebungen gewiß noch mehr gefördert werden, wenn erst die Absicht der Reichsregierung Gesetz geworden sein wird, wonach Berufsgenossenschaften und Versicherungsanstalten offiziell ermächtigt werden sollen, mehr und mehr ihre Mittel für Einrichtungen der Krankenpflege, für Errichtung von Arbeiterwohnhäusern und ähnliche gemeinnützige Zwecke dienstbar zu machen. Und von all diesem Segen wird auch die Armenpflege ihren Teil abbekommen.

Ich empfehle folgende These zur Annahme durch die Jahresversammlung:
„Die Wirkungen der Socialgesetzgebung reichen weit über das Gebiet der Armenpflege hinaus. Es wäre verkehrt, den Segen der Arbeiterversicherung allein darnach zu bemessen, ob und inwieweit durch ihre Leistungen die öffentliche Armenpflege bereits entlastet ist oder in Zukunft entlastet werden wird. Trotzdem ist es für die Armenverwaltungen unerläßlich, die vielfältigen Beziehungen der Armenpflege zu den Leistungen der Arbeiterversicherung sorgsam zu pflegen und zu fördern. Denn nur so wird die gegenseitige notwendige Ergänzung gewährleistet."

Anlage.

Neue Mitteilungen über Kranken= und Unfall=versicherungswesen in Königsberg.

Zum Gebrauch für die Armenkommissionsmitglieder bestimmt.
August 1896.

A. Krankenversicherung.

§ 1.

Bei allen in einem Handwerk, einem Handelsgeschäft oder einem sonstigen Gewerbebetriebe, sowie in Betrieben mit Kraftmaschinen irgend einer Art (Dampf, Wasser, Wind, Gas, heiße Luft, Elektricität) gegen Gehalt oder Lohn beschäftigten Arbeitern oder Arbeiterinnen, bei allen in dem Geschäfts=betriebe der Anwälte, Notare und Gerichtsvollzieher, der Krankenkassen, Berufs=genossenschaften und Versicherungsanstalten beschäftigten Personen, ferner bei den Personen, welche in Post= und Telegraphenverwaltungen, sowie in den Betrieben der Marine= und Heeresverwaltungen gegen Gehalt oder Lohn beschäftigt sind, endlich bei Handlungsgehilfen und Lehrlingen, Betriebs=beamten, Werkmeistern und Technikern ist von vornherein anzunehmen, daß sie Mitglieder einer Krankenversicherungskasse sind, weil die gesetzliche Ver=pflichtung zur Krankenversicherung für sie mit geringen Ausnahmen besteht.

Nur wenn die Beschäftigung ihrer Natur nach eine vorübergehende, oder durch den Arbeitsvertrag im voraus auf einen Zeitraum von weniger als einer Woche beschränkt ist, oder wenn Handlungsgehilfen oder Lehrlinge, denen für den Krankheitsfall ein Anspruch gegen ihren Prinzipal auf Gehalt und Unterhalt auf die Dauer von sechs Wochen zusteht, und die ein Gehalt von mehr als $6^{2}/_{3}$ Mk. pro Tag beziehen, oder Betriebsbeamte mit einem gleich hohen Gehalt, Werkmeister und Techniker in Frage kommen, besteht keine **Versicherungspflicht**. Für diejenigen der vorgenannten Personen, deren jährliches Einkommen 2000 Mk. nicht übersteigt, besteht jedoch **die Be=rechtigung zum Beitritt zur Kasse**, und zwar unbedingt zum Eintritt in die Gemeindekrankenkasse, welcher namentlich auch Dienstboten beitreten dürfen, je nach Inhalt der Statuten zum Eintritt in die anderen Kassen.

§ 2.

Es bestehen in Königsberg:

I. Die Gemeindekrankenkasse.

Sie gewährt ihren Mitgliedern für 13 Wochen — aber nur den Mit=gliedern selbst, nicht auch den Familienangehörigen — freie ärztliche Be=

handlung, freie Arznei, sowie Brillen, Bruchbänder und ähnliche Heilmittel, ferner im Falle der Erwerbsunfähigkeit ein Krankengeld, und zwar dieses vom dritten Tage nach der Erkrankung ab, und wenn die Erwerbsunfähigkeit mindestens sieben Tage dauert, schon vom Tage des Eintritts der Erwerbs=unfähigkeit ab in Höhe des halben ortsüblichen Tagelohnes für gewöhnliche Tagearbeiter, also

für erwachsene männliche Arbeiter mit . . . . 1,00 Mk.
 =   =   weibliche   =   = ... 0,50 =
 =   männliche Arbeiter unter 16 Jahren und für Lehrlinge mit 0,50 =
 =   weibliche   =   =   =   =   mit . . . . . 0,20 =

pro Tag und in wöchentlichen Nachraten.

II. Eingeschriebene oder sonstige freie Hilfskassen.

Dieselben leisten den erkrankten Mitgliedern mindestens dasselbe, wie die Gemeindekrankenkasse. Die Mitgliedschaft ist eine freiwillige.

III. Ortskrankenkassen

für die in der folgenden Tabelle, Spalte 2, genannten Gewerbe. Dieselben gewähren außer den Leistungen der Gemeindekrankenkasse einmal solche oft für längere Zeit, sodann stets Sterbegeld, einige auch freie ärztliche Be=handlung, Medizin und Sterbegeld für die Familienangehörigen. Dauer, Art und Höhe dieser Leistungen weisen die Spalten der folgenden Tabelle auf (nächste Seite):

Unter Medizin (Spalte 3) ist auch Lieferung von Bruchbändern und Brillen einbegriffen. Das Krankengeld ist die Hälfte nicht des in § 2 Nr. 1 genannten Tagelohnes eines gewöhnlichen Tagearbeiters, sondern die Hälfte des durchschnittlichen, in der betreffenden Klasse der Versicherten wirklich ver=dienten Lohnes. Das darnach für weibliche Arbeiterinnen fällige Kranken=geld wird auch an Wöchnerinnen auf die Dauer von drei Wochen nach der Niederkunft gewährt.

Die in diesen Gewerben gegen Lohn oder Gehalt bis zu 2000 Mk. jährlich beschäftigten Personen müssen von ihren Arbeitgebern bei der be=treffenden Ortskrankenkasse angemeldet sein, es sei denn, daß erstere einer freiwilligen oder sonstigen eingeschriebenen Hilfskasse (II) angehören, werden aber auch ohne Anmeldung schon zufolge ihrer Beschäftigung Mitglieder der betreffenden Kasse. cfr. unten § 5.

Scheiden versicherte Mitglieder infolge eintretender Erwerbslosigkeit aus der Kasse aus, so behalten sie in Unterstützungsfällen, welche während der Erwerbslosigkeit und innerhalb eines Zeitraums von drei Wochen nach dem Ausscheiden aus der Kasse eintreten, ihren Anspruch auf die gesetzlichen Mindest=leistungen der Kasse, wenn sie vor ihrem Ausscheiden mindestens drei Wochen einer auf Grund des Krankenversicherungsgesetzes errichteten Krankenkasse — es braucht also nicht dieselbe Kasse gewesen zu sein — angehört haben.

Die in Spalte 5 bis 8 der nebenstehenden Tabelle aufgeführten Leistungen gehören nicht zu den gesetzlichen Mindestleistungen.

Die Armenpflege in ihren Beziehungen zu d. Leistungen d. Socialgesetzgebung. 33

Laufende Nr.	Namen der Ortskrankenkasse	Die Kasse gewährt: für Mitglieder			Die Kasse gewährt: für Familienangehörige			
		Arzt, Medizin und Krankengeld für Wochen	Sterbegeld Mk.	Arzt Wochen	Medizin Wochen	für die Ehefrau	Sterbegeld für Kinder unter 14 Jahren	
1	2	3	4	5	6	7	8	
1	Bäckergesellen	26	68					
2	Bierbrauer, Bernsteinarbeiter, Cigarrenarbeiter, Elfenbeinschnitzer, Drahtbinder, Färber, Feilenhauer, Gelbgießer, Gerber und Lederrichter, Korbmacher, Kürschner, Meier, Müller, Nadler, Pumpenmacher, Roßschlächter, Segelmacher, Seifensieder, Stärkearbeiter, Steinsetzer, Strumpfwirker und Schiffszimmerleute	13	v. 40–70 je nach Stellung, Alter und Geschlecht	13	13	45	8–20 Mk.	
3	Buchbindergehilfen	26	80 I. Kl. 60 II. "	13				
4	Buchdrucker Königsbergs	26	80	26				
5	Büchsenmacher, Barbiere, Bildhauer, Böttcher, Bürstenmacher, Konditoren, Drechsler, Gürtner, Goldarbeiter, Handschuhmacher, Hutmacher, Instrumentenmacher, Kammmacher, Lithographen, Mechaniker, Photographen, Reifschläger, Seiler, Steindrucker, Tapezierer, Tuchmacher, Uhrmacher, Vergolder, Orgelbauer, Stuccateure und Kunstformer	Krankengeld nur für 13 Wochen 26	18–67, 50 je nach Alter und Geschlecht	13	13	45	14–25 "	
6	Fleischergesellen	24	80	24		30		
7	Glasergehilfen	13	80	13				

Schriften d. D. Ver. f. Wohlthätigkeit. XXIX. 3

Laufende Nr.	Namen der Ortskrankenkasse	für Mitglieder			Für Familienangehörige		
		Arzt, Medizin und Krankengeld für Wochen	Sterbegeld Mk.	Arzt Wochen	Medizin Wochen	Sterbegeld für die Ehefrau	Für Kinder unter 14 Jahren
1	2	3	4	5	6	7	8
8	Handlungsgehilfen und Lehrlinge	26	16—80	13	13	½ des für das Mitglied festgesetzten Sterbegeldes	¼
9	Huf- und Waffenschiede	26	60				
10	Kellner, Köche, Portiers männlichen und weiblichen Geschlechts	13	30—80	13	13		
11	Klempnergesellen	13	60	13	13		
12	Kupferschmiedegesellen	13	der 20fache Betrag des durchschnittlichen Tageslohnes				
13	Kutscher, Factore und Arbeiter	13	16—75	13			
14	Maler- und Lackiergehilfen und Lehrlinge	26	100 bezw. 36	26	26	40	10—16
15	Maurergesellen	13	40			50	20
16	Riemer- und Sattlergesellen	18	68	10	10	30	15
17	Schlossergesellen	13	25—60	13			
18	Schneidergesellen	26	90 I. Kl. 68 II. "				
19	Schornsteinfegergesellen	13	60	13			
20	Schuhmachergesellen	26	68			15	10
21	Stellmachergesellen	20	68				
22	Tischlergesellen	26	80	26			
23	(Haus-) Zimmergesellen	13	48	13			

IV. Betriebskrankenkassen,

über deren Leistungen folgende Tabelle Auskunft giebt.

Laufende Nr.	Namen der Betriebskrankenkasse	Die Kasse gewährt:					
		für Mitglieder		für Familienangehörige			
		Arzt, Medizin und Krankengeld für Wochen	Sterbegeld Mk.	Arzt Wochen	Medizin Wochen	Sterbegeld	
						für die Ehefrau	für Kinder unter 14 Jahren
1	2	3	4	5	6	7	8
1	Albrecht & Lewandowski . . .	13	20facher Betrag des täglichen Arbeitsverb.	13	13	²/₃ des für die Mitglieder festgesetzten Sterbegelds	½ des für die Mitglieder festgesetzten Sterbegelds
2	Gustav Azeit, Schlossermeister	13	15—72	13			
3	Brunnenbaugeschäft E. Bieske	13	16—75	13			
4	Rudolf Boy Nachfolger	13	25facher Betrag des durchschn. Tagelohns	13			
5	Baugeschäft E. Dramehr . . .	13	15—75	13	13	15	10
6	Gustav Fechter	13	24—60, je nach dem Alter event. 20facher Betrag des ortsüblichen Tagelohns	13	13	²/₃ des für die Mitglieder festgesetzten Sterbegeldes, vorausgesetzt, daß der Bestand 500 Mk. beträgt	⅓ des für die Mitglieder festgesetzten Sterbegeldes, vorausgesetzt, daß der Bestand 500 Mk. beträgt
7	Fabrik Gebrüder Franz . . .	13	30—120	13	13	50	25
8	Gas- und Wasserwerke . . .	13	75	13	13		

Laufende Nr.	Namen der Betriebskrankenkasse	Die Kasse gewährt:					
		für Mitglieder			für Familienangehörige		
		Arzt, Medizin und Krankengeld für Wochen	Sterbegeld Mk.	Arzt Wochen	Medizin Wochen	Sterbegeld	
						für die Ehefrau	für Kinder unter 14 Jahren
1	2	3	4	5	6	7	8
9	C. J. Gebauhr	13	20facher Betrag des durchschn. Tagelohns	13		2/3	Kind b. 18 Jahr die Hälfte und v. 6 M. bis 1 Jahr ein Viertel des für die Mitglieder festgesetzten Sterbegeldes
10	C. J. Gebauhr & Co.	26	35 facher Betrag des wirklichen Arbeitsverb.	13	13	2/3	Kind b. 5 J. zwei Siebentel, von 5 b. 14 Jahr drei Siebentel des für die Mitglieder festgesetzten Sterbegeldes
11	Geilus & Anders	13	25—100	13	13	2/3	1/2 des für die Mitglieder festgesetzten Sterbegeldes
12	Louis Großkopf	26	10—80	13	13	40	die Hälfte des den Mitgliedern zustehenden Sterbegeldes
13	F. Haurwitz & Co.	13	34 facher Betrag des ortsübl. Tagelohns	13	13	2/5	1/4 des für die Mitglieder festgesetzten Sterbegeldes
14	August Honig	13	30facher Betrag des durchschn. Tagelohns	13	13		

Die Armenpflege in ihren Beziehungen zu d. Leistungen d. Socialgesetzgebung. 37

15	Henze, Maßlow & Co.	13	25facher Betrag des durchschn. Tagelohns	13	13	2/5 des festgesetzten Sterbegeldes	1/6 für die Mitglieder Sterbegeldes
16	M. Jacoby	13	20facher Betrag des wirklichen Arbeitsverd.	13		
17	Fabrik Lingen & Baumgart	13	20facher Betrag des verdienten Tagelohns 25—80			
18	Königsberger Maschinenfabrik	13	25facher Betrag des durchschn. Tagelohns			
19	Robert Meyhöfer	13				
20	Fr. Möhring & Co.	13	20facher Betrag des durchschn. Tagelohns			
21	Königsberger Pferdebahn	13	40facher Betrag des wirklichen Arbeitsverd.	13	13	1/2 des festgesetzten Sterbegeldes	
22	Brauerei Ponarth	13	25facher Betrag des wirklichen Arbeitsverd.	13	13	2/3 des festgesetzten Sterbegeldes	1/3 für die Mitglieder Sterbegeldes
23	Karl Rettig jun.	13	37,50—75	13	13	25—50 18,75—37,50	
24	H. Sandmann	13	20facher Betrag des durchschn. Tagelohns	13	13	2/3 des festgesetzten Sterbegeldes	1/2 für die Mitglieder Sterbegeldes
25	Brauerei Schönbusch	13	34facher Betrag des durchschn. Tagelohns	13	13	60 I.Kl. 30 II.„	30 I.Kl. 15 II.„
26	Stantien & Becker	13	20facher Betrag des wirklichen Arbeitsverd.			

Laufende Nr.	Namen der Betriebskrankenkasse	Die Kasse gewährt:						
		für Mitglieder			für Familienangehörige			
		Arzt, Medizin und Krankengeld für Wochen	Sterbegeld Mk.	Arzt Wochen	Medizin Wochen	Sterbegeld		
						für die Ehefrau	für Kinder unter 14 Jahren	
1	2	3	4	5	6	7	8
27	L. Steinfurt	13	38—112	13		15—45	Kind v. 1 b. 14 J. 12 b. 34, b. 1 J. 6 b. 17
28	Union-Gießerei	13 ev. für weitere 13 die Hälfte	42—125	13	13		
29	Walzmühle	13	20facher Betrag des wirklichen Arbeitsverd.	13	26	$2/3$ des für die Mitglieder festgesetzten Sterbegeldes	$1/3$
30 a	Ostpreußische Südbahn	26	30facher Betrag b. d. letzten Beitragsberechnung zu Grunde gelegten Tagesverd.	26	26		
b	für das 2. Gleis Korschen-Lyck	13	20facher Betrag des durchschn. Tagelohns				
c	für Werkstattarbeiter	26	84	26	26	34	17

§ 3.

Krankengeld (im Gegensatz zur freien ärztlichen Behandlung und freien Medizin) ist bei den meisten Kassen in denjenigen Fällen ausgeschlossen, wo Rauferei, Trunk oder geschlechtliche Ausschweifung Ursache der Erkrankung ist. Schwangerschaft und reguläres Wochenbett gelten als Krankheit nicht.

§ 4.

Mitunter lehnen Krankenkassen die Krankenunterstützung deshalb ab, weil das betreffende Mitglied bereits einmal 13 Wochen hindurch aus Anlaß der gleichen Krankheitsursache unterstützt worden sei. Eine solche Ablehnung ist nur dann gerechtfertigt, wenn folgende Voraussetzungen gemeinsam vorliegen:

1. wenn die erste 13 wöchentliche Unterstützung ununterbrochen oder im Laufe eines Zeitraums von 12 Monaten bezogen worden ist;
2. wenn ein neuer Unterstützungsfall im Laufe der nächsten 12 Monate eingetreten und wenn aus dessen Anlaß eine zweite 13 wöchentliche Unterstützung im gesetzlichen Mindestbetrage innerhalb dieses Zeitraums gewährt worden ist;
3. wenn die Bestimmung des § 6a Absatz I Ziffer 3 resp. des § 26a Absatz II Ziffer 3 des Krankenkassengesetzes in das Kassenstatut aufgenommen ist. Dies ist zur Zeit nur bei den im Verzeichnis Seite 3 und 4[1] unter den Nummern 1, 3, 5, 6, 9, 11, 15 bis 18, 22 und 23 aufgeführten Ortskrankenkassen der Fall.

§ 5.

Diejenigen Personen, welche überhaupt der Krankenkassenpflicht unterliegen, sind mit dem Augenblick versichert, in welchem sie in die versicherungspflichtige Beschäftigung eingetreten sind. Es ist namentlich vollständig gleichgültig, ob sie von ihrem Arbeitgeber zur Versicherung angemeldet und ob Beiträge für sie entrichtet sind oder nicht. Der Arbeitgeber macht sich zwar strafbar und regreßpflichtig, wenn er die Anmeldung nicht rechtzeitig besorgt. An sich ist aber die Anmeldung zur Begründung der Ansprüche auf die Leistungen der Krankenkassen nicht erforderlich. Es ist deshalb jeder, der in einer krankenkassenpflichtigen Beschäftigung steht, mit einem Gesuch um freie ärztliche Behandlung, freie Arznei u. s. w. zunächst stets an seine Krankenkasse zu verweisen, auch wenn er kein Krankenkassenbuch vorzeigen kann, und erst, wenn die betreffende Krankenkasse die Unterstützung ausdrücklich abgelehnt, ist Anlaß zum Einschreiten der Armenpflege gegeben.

B. Unfallversicherung.

§ 6.

Gegen die Folgen der bei dem Betriebe von Werften, Bauhöfen, Bau- und Erdarbeiten jeder Art, Schornsteinfegern, Gewerben mit Kraftmaschinen

---

[1] Seite 33 und 34 dieses Heftes.

irgend einer Art, Fabrikationsgeschäften mit mindestens zehn Arbeitern, Post, Telegraphie und Eisenbahn, Baggerei, Fuhrwerk und Schiffahrt, Spedition, Speicherei und Kellerei, Stauerei, Schaffnerei, Braake, Wägerei, Landwirtschaft und Gärtnerei sich ereignenden Unfälle sind die Arbeitnehmer durch die Arbeitgeber bei den Berufsgenossenschaften versichert.

§ 7.

Im Falle der Tötung zahlen letztere ein Sterbegeld von mindestens 30 Mk. und den Hinterbliebenen eine Rente, der Witwe 20, den vaterlosen Kindern 15, den mutterlosen 20 Prozent des normalen Arbeitsverdienstes.

Im Falle der Verletzung übernimmt die Unfallversicherung mit der vierzehnten Woche nach Eintritt des Unfalls die Kosten des Heilverfahrens und die Zahlung der Rente, deren Höhe sich nach dem Grade der durch den Unfall herbeigeführten Beschränkung der Erwerbsfähigkeit abstuft.

Bis zum Ende der dreizehnten Woche sind die Krankenkassen zur Hilfeleistung verbunden; war der Verletzte nicht Mitglied einer solchen, so muß der Arbeitgeber die Kosten während jener 13 Wochen tragen.

Mit der 5. Woche des Heilverfahrens tritt eine Erhöhung des Krankengeldes ein.

Armen-Direktion.
gez. Brinkmann.

Pierer'sche Hofbuchdruckerei Stephan Geibel & Co. in Altenburg.

Printed by Libri Plureos GmbH
in Hamburg, Germany